HANYU
YOU
DAGUAN

汉语有大观

薪火文创社 ○ 编著

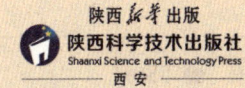

陕西新华出版
陕西科学技术出版社
Shaanxi Science and Technology Press
西安

图书在版编目（CIP）数据

汉语有大观 / 薪火文创社编著 . — 西安：陕西科学技术出版社，2018.1（2024.4重印）
（传统文化走进生活）
ISBN 978-7-5369-7144-8

Ⅰ.①汉… Ⅱ.①薪… Ⅲ.①汉语-青少年读物 Ⅳ.① H1-49

中国版本图书馆 CIP 数据核字（2017）第 310426 号

汉语有大观

薪火文创社　编著

策　　划	孙　玲　晏　藜
责任编辑	郭敬琦　赵泰俪
封面设计	象上设计
版式设计	诗风文化
出版者	陕西科学技术出版社 西安市曲江新区登高路1388号陕西新华出版传媒产业大厦B座 电话（029）81205187　传真（029）81205155　邮编710061 http://www.snstp.com
发行者	陕西科学技术出版社 电话（029）81205180　81206809
印　　刷	河北鹏润印刷有限公司
规　　格	787mm×1092mm　　16开本
印　　张	7.75
字　　数	80千字
版　　次	2018年1月第1版 2024年4月第2次印刷
书　　号	ISBN 978-7-5369-7144-8
定　　价	36.00元

版权所有　翻印必究
☆如有印装质量问题，请与我社发行部联系调换☆

序 言
XU YAN

握住汉语的钥匙

　　对中国人来说，汉语就是属于我们的一把共同的钥匙。这把钥匙，从几千年前的华夏祖先那里一代代流传下来，一直传到每个中国人的手心里，像空气一样环绕在我们每一天的生活中，既散发着悠悠历史的古意，又有着熟悉而亲切的温度。可不要小瞧了它，只要你拥有这把钥匙，就能转动智慧的锁孔，打开通向五千年历史与无限未来的大门。从牙牙学语、说出第一句话，到认得第一个汉字，再到阅读第一本书、写下第一篇文章，我们自小所经历的这一切，正是学习如何牢牢握住这把汉语钥匙的过程。

　　汉语说简单也简单，它是我们天天说的话、天天写的字，我们无比熟悉它，离不开它；但又不仅仅如此，它还蕴含着无数更美丽、更神奇的秘密，需要我们潜入历史、潜入这种语言的内部去捕捉和体验。传说上古时候，仓颉俯察地表山川鸟兽之形而创出了文字，这图画一般的符号，连通着先民的认知和宇宙自然的气息，稚幼而性灵。历经甲骨文、金文、隶书而至楷书、行书、草书，"图画"渐渐变成方方正正的方块字，但那脱胎于大自然的气息犹存，又在一笔一

XU YAN

画、横平竖直的结构中突显着中国人的风骨。李白杜甫们舀一瓢汉语之河里的水，摇笔落珠，吟成诗篇；韩愈苏轼们在汉语的密林中行走，开枝散叶，缀成文章；王羲之颜真卿们挥笔落墨，把一个个寻常汉字变作了不凡的艺术品；更有无数幼童，几百年里朗朗念着"举头望明月，低头思故乡"，字正腔圆，铿锵悦耳，韵律悠长，未曾断绝；就连寻常百姓，也常常将一些生动的语言挂在嘴上，令人闻之莞尔，或将辞采工整的对联挂在家门两旁，使人见之喜悦……借用苏轼在《赤壁赋》里的话说，真是"耳得之而为声，目遇之而成色"，汉语之美，美在眼中，美在耳中，美在手中，美在口中，是一种立体的、博大精深的美。

　　汉语的世界是无比广阔的，像大观园般宏大而丰富，它不只是一门课程、一篇篇躺在课本里的课文、一道道语文试题，更是活生生的，是可以用眼去看到、用耳去听到、用口去表达、用手去书写的，是可以用全部感官生动捕捉到的绮丽万端。这也是我们编这样一部小书的目的，愿你打开和调动最敏锐的知觉，来了解我们的汉语，自由自在地感受其中的美与智，寻找祖先文化的足迹与遗响，再把这把珍贵的钥匙继续好好地传下去，树立起一个现代中国人对中国文化的自信与热爱。

汉语有大观

目 录

第一章 眼中汉语

图画一样的文字　　2
汉字的诞生传说　　8
部首的故事　　13
笔画的奥秘　　18
结构的法则　　22
有趣的字谜　　25

第二章 口中汉语

"没规则"的汉语　　30
浓缩才是精华　　34
成语多面体　　38
成双成对的艺术　　42
趣对妙联撷珍　　47
活泼诙谐的俗语　　52
座右铭的故事　　56

第三章 手中汉语

不可小瞧的"文房四宝"	60
汉字的童年：甲骨文和金文	65
"书同文"的篆书	69
"大飞跃"的隶书	73
作为"楷模"的楷书	77
行云流水的行书	81
龙蛇飞动的草书	85
与时俱进的"新字体"	89

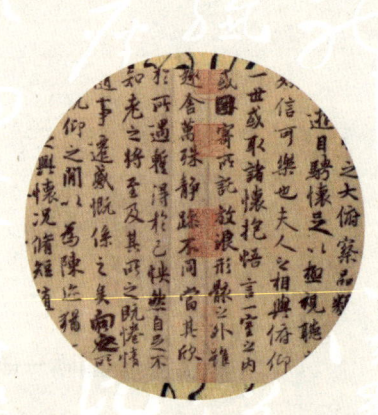

第四章 耳中汉语

四声之变	94
押韵之美	98
韵书初识	102
古人的"注音"法	105
平仄之奇	109
诗律初探	112

第一章 眼中汉语

- 图画一样的文字
- 汉字的诞生传说
- 部首的故事
- 笔画的奥秘
- 结构的法则
- 有趣的字谜

图画一样的文字

每当夜幕初降，走在鳞次栉比的街道上，路两旁的霓虹灯招牌总令人目不暇接：这是饭店、粥铺，那是酒吧、茶馆……一个个白日里黯淡无光、平凡无奇的汉字，在夜的衬托下，变得五光十色，仿佛挣脱了背景，活跃于人们的眼帘之中，传递着各种消费信息。

不唯今日，古代也是如此。只不过比起现代人变化多样的字体和设计精美的图案，那时的形式简单多了。在一些古装影视剧中，我们常常会看到这样一幅场景：一个小馆前，撑出一根高高的杆子，挂着一张布幡，上面写着一个大大的"酒"字，这便是"酒旗"了。唐代

诗人杜牧有诗句"千里莺啼绿映红,水村山郭酒旗风",说的就是这道明丽的风景。人们远远看到酒旗,就知道酒家在那里,于是便奔着那里而去。这一个字,就是一个约定俗成的社会符号。

然而,在看到、用到它们时,有没有人想过这样一个问题:为什么"饭"这个字形就表示碗中盛着的冒着热气的食物,而"酒"这个字形就表示杯盏中那闪着琥珀色光泽的液体呢?一个字的字形和它表示的意义、指代的实物之间,到底有什么样的关系呢?

思考这个问题,需要回到汉字的童年——甲骨文、金文那里去。因为汉字脱胎于象形文字,但随着几千年的演变,"象形"的因素已经大大弱化了,而在两三千年前的甲骨文、金文那里,却还留存着早期的"图画"的成分,能够让我们了解到造字的法则是怎样的,某个字为什么会以这样的形态呈现出来。

比如"饭"字,金文、繁体字和简体字的写法分别是:

 飯　饭

在金文字形中,"饭"字的左边是一个"食",代表着食物,而右边是一个手的形状,所以"饭"的本义是用手取食的意思。辛弃疾的词作《永遇乐·京口北固亭怀古》中有"廉颇老矣,尚能饭否"的句子,用的就是这个意思。后来,这个意思变成了名词,也就是我们每日离不开的那碗煮熟了的食物。"食字旁"也简化为"饣"。

"酒"字的甲骨文字形则是这样的:左边是象形字"水",右边是一个"酉"字,它的意思正如其形状所示,是盛酒、酿酒的容器,里面还有酿造工具和液体。"水"和"酉"两个意思叠加起来,完美地解释了酒这种我们熟悉的液体。酒不只是日常之饮,也和中国文学文化有着相当深的联系:"李白斗酒诗百篇,长安市上酒

家眠""劝君更尽一杯酒,西出阳关无故人",无数名篇名句都经过了酒香的浸润。

酒

从"饭""酒"的例子中可以看出,汉字的字形和它所代表的实物之间,有着非常直接的象形关系。这是汉字非常重要的一点,也可以和其他拼音文字做比较。譬如在英语中,表示"饭"的单词是 meal、表示"酒"的单词是 wine,meal 和 wine 中这八个字母的拼写方式和发音有关,但和一碗饭、一杯酒的形态没有任何关系。

在传说中,汉字是由黄帝的史官仓颉受到"鸟兽蹄爪"的启发而创造出来的,其实它们应当是祖先共同的智慧结晶。为了记录生产生活中遇到的各种事物、便于交流,先民们参照实物的模样,用各式各样的图案、符号来表示意思,渐渐演变成了我们现在所熟悉的一个个汉字。它们像一幅幅图画,反映了先民们最初认识世界、创造文明的思维模式,从遥远的上古到现在,一直充当着中国人表情达意、相互沟通的工具,宛如活化石一般。尽管是远古的产物,但汉字的创造并不是随心所欲,而是遵循着一定的规律。

除了象形的成分以外,"饭"和"酒"字里,还有一个小小的"玄机":"饭"和它右半部分的"反"字发音相似,"酒"也和它右半部分的"酉"字发音相似。这是巧合吗?不,其实这是汉字的一种重要造字法,叫作"形声",指的是在一个字里,有一部分表示声音,叫作"声

旁"或"声符",而另一部分表示意思、类别,叫作"形旁"或"义符"。"反""酉"在"饭"和"酒"里,分别充当着象形的意义,同时也是声符。现在汉字里百分之九十都是形声字,包括我们身边的大部分汉字,比如枫、柏、桦、榆等树木,"木"是它们共同的形旁,表示统一的类别,右半部分则是用各自不同的声旁来表示不同的树种。

除了形声以外,汉字还有其他的造字法则。东汉时期著名学者许慎在他所著的字形学经典著作《说文解字》中,归纳总结出汉字的"六书",即六种造字方法,分别是象形、指事、会意、形声、转注、假借,其中前四种是比较常见的方法。"象形"和"指事"都是一些比较简单的字,就是按照物体的原样画下来,或在上面加上一些指示性的符号,比如用 ⊙ 代表"日"、用 ☽ 代表"月"。"会意",则是把单个的字形符号组合起来,让它们相互激发出新的含义,变成一个新字,比如光明的"明"字,就是把"日"和"月"组合起来,表示"明亮""光明"的意思。

我们常说"文字",其实"文"这个字便是一个象形字,原来的字形是🧍,像是由线条交错成的图案,人们就是用这些象形的图画符号来表情达意的。而"字"是个会意兼形声字,甲骨文字形是🧒,本义是女子生育,后来也用来指代书写符号,因为"字"是在"文"的基础上叠加、衍生出来的,就像是人们生育后代一样,代代相传,越来越多,成千上万的"文字",筑成了中华文明的基础。

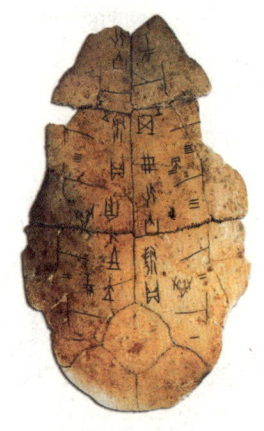

汉字的诞生传说

我们生活中的每一天，可以说都离不开文字：孩子们在课堂上读书、学生字，爸爸妈妈在公司里看材料、写文件，爷爷在家里看报纸、练书法，就连奶奶去超市买东西，也要看商品标签和说明书……以前人们相互联络时写信，现在则发短信、发邮件，不过，改变的只是媒介，文字本身却始终作为固有的符号，以种种不同的形态参与着我们的日常生活。因此在现代社会里，不认识字简直寸步难行，就会像缺少一台接收转换器一样，无法破解社会方方面面的文字信息。

不过，我们日日离不开的文字，最开始是怎么出现的，又是怎么成为约定俗成的交流符号的呢？在中国一直流传着一个造字传说，那就是仓颉的故事。

上古时没有文字，人们用在绳子上打结的方法来记录一天里发生的事情。但时间久了，打的结多了，人们就渐渐难以分清楚这些结究竟代表着什么意思。在祖先首领黄帝的部落中，有一个叫作仓颉的聪明史官（据说他长了四只眼睛），他的职责就是替部落把在各地发生的大事记录下来。

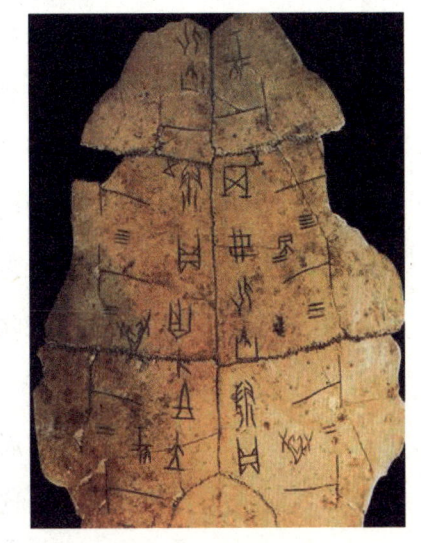

但结绳记事的缺点太多，让仓颉很是头疼。为了解决这个问题，他动了许多脑筋。有一天，他发现禽鸟野兽在地上行走时，足迹各不相同，他脑子里突然灵光乍现："通过事物的外在形态和表现，不就可以区分不同的事物吗？"他兴奋起来，开始仰观日月星辰的运行，俯察山川河岳的走势，分辨鸟兽万物的形态，把每样东西的形态都勾画出来，用特殊的符号来表示。这样一传十，十传百，大家渐渐

也都知道这些"图画"表示的意思了，于是这些特殊的符号便开始通用起来。后来，它们就慢慢发展成了中国的汉字。

人们传说，仓颉造字成功的那一天，上天降下了一场谷子雨来表示祝贺，大鬼小鬼们则因为

无处藏身而在夜间号哭，这就是所谓的"天雨粟，鬼夜哭"。这说明在古人心中，文字的出现是一件相当重要的大事。当然，仓颉以一人之力造字的故事只是个传说，文字是由包括他在内的千千万万的中华祖先共同创造、渐渐发展的。汉字的出现，让几千年前中国人的日常生活和精神生活得以被记录下来，沉淀为独特的文明。

世界上最古老的文字系统除了中国的早期文字（甲骨文）外，还有美索不达米亚平原的楔形文字、埃及的象形文字（圣书字），但后两种如今都消亡了。从楔形文字发展而来的希腊文字、拉丁文字，后来发展成为西方的主流文字形式，但这已经成了纯粹的拼音文字，舍弃了象形的成分。只有汉字，在几千年生生不息的演变中，伴随着仓颉的传说绵延流传至今，仍然在我们的笔下被书写、在我们的口中被吟诵，在一代一代后人身上延续着中华文明的源头。

第一章 眼中汉语 YANZHONGHANYU

汉字还启发了日本人发明自己的文字。全球化的今天，我们会在新闻、说明书中看到日语，但有意思的是，里面总夹杂着一些繁体汉字。走在日本的街道上，虽然语言不通，但随处可见的熟悉汉字，依然能比较准确地指引道路，如"銀行（银行）""鉄道（铁道）""郵便局（邮局）"等。事实上，现代日语里常用的汉字有一千多个！不过，除了汉字以外，日语里还有其他一些陌生的符号，比如"你好"是"こんにちは"，这些看起来不像汉字也不像西方字母的"字"，叫作"假名"，它又分为"平假名"和"片假名"两种，是日语用来表示发音的符号。其中，平假名是参照了汉字的草书创造的，如あ（读作 a）从"安"而来、か（读作 ka）从"加"而来；而片假名则是参照了汉字的一些组成部分创造的，如ア（读作 a）来自"阿"的左半部分、タ（读作 ta）来自"多"的上半部分，等等。

所以说，汉字的创造是非常有想象力的一件大事，不仅在中国使用，在历史上也有着非常强大的辐射能力，传播到了周边的国家和地区。日本、韩国、东南亚等地都有汉字的身影，汉字也或多或少地参与构建了它们的文化。若有机会去这些地方旅游时，不妨在观光之外，找一找这些亲切的"小方块"吧！

部首的故事

钢筋水泥的城市里，街道两旁栽种的行道树点染着道道绿意，让人们得以不失去和大自然的关联；幽静的山谷里，珍奇的树木在不为人知的地方傲然耸立，吸收着天地间的灵气。不同的树木有着不同的绰约风姿：杨树笔直高大、松树巍然经霜、槐树浓荫蓊郁、柳树婉约柔美、桃李花香四溢、梧桐秀逸脱俗……

杨、松、槐、柳、桃、李、梧、桐，这些树的名字里，都含有一个"木"字。在每一个字的组成里，"木"是它们的义符、形旁，即表示其意义、类别的那部分；而在字典里，它是这些字

统一的"部首"。我们查一个字时,先分析出它的部首,再去字典"部首检字表"下的相应部首里寻找,非常方便快捷。

然而,"部首"并不是现代人的发明,而是从很久以前的古代就开始使用了。这个概念的创造者,正是《说文解字》的作者——东汉文字学家许慎。在《说文解字》中,许慎把那些有着共同组成部分、意义相近的字归为一部,一共分了540部。每一部开头的第一个字,正是这一部里所有字共有的那一部分,叫作"部首"。如"木"是"木部"的第一个字,也就是"部首",许慎解释为"冒也。冒地而生。东方之行。从屮,下象其根。凡木之属皆从木"。意思就是说,木在五行里对应着东方，字形下部看起来像树根，凡是与"木"有关的字，都用"木"来作部首。"木"字之下，接连排列着橘、橙、柚、梅、桂等字，我们寻常所见的树木果实之名，皆涵括在其中。即便是现在的字典，也依然沿用着《说文解字》里的这种方法。

翻开字典，"亻"（单人旁）这个部首下的字大多都和人有关，如你、他、从、众等；"氵"（水字旁、三点水）这个部首下的字大多都和水有关，如江、河、湖、海等；"艹"（草字头）这个部首下的字大多都和草有关，如花、蕾、苞、英……这些在生活中出现频率很高的字，就这样整整齐齐地躺在属于它们的位置上。许多字乍一看和它的部首无关，但若追溯到本义上，便让人恍然大悟。比如"王"（王字旁、斜玉旁）这个部首下的字，意思大多和玉有关，而且分类很细，比如"环"是圆形的玉圈、"珏"是合在一起的两块玉、"璞"是未经雕琢的玉、"瑶"是美玉等。人们也常常喜欢用这些字来为孩子起名，寄托美好的寓意。

然而，为什么"玫瑰"这种植物的名字也会出现在"王"这个部首下呢？难道不是"木"或"艹"更适宜来做这两个字的部首吗？其实，"玫瑰"一开始并不是指现在人们熟悉的那种娇艳欲滴、芬芳四溢的花朵，而是指一种十分美丽神奇的玉石。后来，人们才用玉的

名字来命名同样美丽的鲜花。因此,"玫瑰"用"王"作部首倒是实至名归的。还有"玩"的本义是专注地赏玩珠玉、"理"的本义是加工治理玉石、"现"的本义是展示珍宝等,它们如今的意思虽然已大不相同,但从根上说,还是和玉一家的。

然而,并不能将《说文解字》里的部首就同于现代字典里的部首。前者是从造字本义出发的,而后者则更加考虑到现代人分析字形和使用字典的便利,因而很多字的古今部首划分都发生了变化。比如"主"字,现代字典将其分在"丶"部或"王"部,看起来一目了然;而《说文解字》却将其分在了表示房屋建筑的"宀"(宝盖头)这一部首下,因为"主"的本义是房柱,和玉的意思无关。因此,无论是在查阅古代还是现代的字典时,都不能想当然,因为汉语一直处于变化当中。

　　有时我们见到旧时的大户人家或知识分子家庭给儿女起名，他们总喜欢给同辈的孩子起有着相同部首的字，暗中显出一种亲密的关联感。如"唐宋八大家"之一的苏洵就给两个儿子起名"苏轼""苏辙"，"轼"是车前横木、"辙"是车后印痕，都和车子有关。大文豪苏轼给自己的几个儿子起名"苏迈""苏迨""苏过""苏遁"，都是"走之旁"，和走路有关。曹雪芹在古典文学名著《红楼梦》中更是精心安排：第一代贾敬、贾赦、贾政是"攵"（反文旁）字辈，第二代贾珍、贾琏、贾宝玉、贾环等是"王"字辈，第三代贾蓉、贾蔷、贾兰等是"艹"字辈，在间接说明人物关系的同时，也在有意无意间暗示了他们的命运。

笔画的奥秘

一点飞上天，黄河两道弯。

八字大张口，言字往里走。

左一扭，右一扭，左一长，右一长，

中间坐个马大王。

心字底，月字旁，

打个钩钩挂麻糖，坐个车车到咸阳。

　　这首充满童趣的歌谣，说的并不是旅行经历，而是一个汉字的写法，那就是下面的 biang 字。Biangbiang 面是陕西的一种面食，因制作时面条在案板上摔打发出的声音而得名，非常形象。随着互联网的传播，这个字现在非常出名，但却不光是因为面食好吃，更是因为它难写。据统计，biang字有十多种写法，笔画最多的有七十多画，最少的也有五十多画。正是因为如此，人们不得不专门编一首歌谣来记它。

在这首歌谣中，人们风趣幽默地用许多形象的比喻来描述各种各样的笔画："一点飞上天，黄河两道弯"说的是"宀"里的点和横钩，"左一扭，右一扭"说的是"幺"里的撇折，"打个钩钩挂麻糖"说的是"刂"里的竖钩，"坐个车车到咸阳"说的是"辶"里的捺……这些笔画虽有限，却能搭建成一个又一个汉字，正如在英语、法语等拼音文字中，有限的几十个字母连缀成了一个又一个单词。

汉字中，最常见的基本笔画有横（一）、竖（丨）、撇（丿）、捺（乀）、点（丶）、提（𠃍）、钩（𠃊）、折（𠃍）等。古代书法家总结出了"永字八法"，也就是说在"永"这个字中，包含了以上八个常用笔画，并以此为例，给出如何写好这些笔画的指导。比如写"提"时笔锋要像赶马时挥舞的鞭子那般扬起，写"撇"时要像梳子掠过

头发时那样轻而慢,等等,十分富有想象力。下面的这个"永"字来源于晋代大书法家王羲之的书法名作《兰亭集序》,是这篇美文起首第一个字,字形隽永,笔锋清晰,各个笔画十分到位,常常被历代书法家引为范例。

除了"永字八法"这些基本笔画外,还有一些稍微复杂些的笔画,比如竖弯钩(乚)、横折钩(乁)、横折折折钩(㇈),等等。

不过再怎么复杂,全部笔画的种类也超不过几十种。别看数量不多、形状简单,但若采用的笔画不同,或"搭建"笔画的次序不同,汉字就会变成千千万万个完全不同的模样,形态各异、含义丰富,仿佛变魔术一般。比如"目"和"旦",同样是在"日"字上添了一横,只不过一个添在中间,一个添在下面,就成了两个大相径庭的字,意思也差得远了;而"申"和"电"两个字,同样是在"日"字的中间贯通着添了一笔,位置一样,但添一竖和添一个竖弯钩,就会变成不同的字。

人们能专门为biang这个字编一首复杂的口诀,说明像它这样笔画繁多的难认难记字并不常见。的确,biang算是硕果仅存的还出现在日常生活中的字,其他像它一样有五十多笔以上的字,大概只能去冷僻的古书里寻找了。那么,大多数汉字有多少个笔画呢?我们或许可以从字典里找找答案。字典的部首检字表里,每个部首下面都是按照笔画数从少到多排列的,就连"人口大户"如"亻""口""氵"等部首,大多数十五画以上的字就已经比较生僻了，不属于人们的常用字之列。而笔画最少的字，却用一笔就能写成，这样的"一笔字"一共有三个，分别是"一""乙"和"〇"。

写字的时候，每个笔画都要一笔写成，先写哪个笔画，后写哪个笔画，也都有一定的顺序，这就叫作"笔顺"。笔顺对了，字才能写得工整好看。每个字就像是一个小房子，横竖撇捺这些笔画是搭建它的材料，而笔顺就是工匠们的建筑工艺。

什么才是正确的笔顺呢？一般来说，要遵循"先横后竖""先撇后捺"的原则，比如写"十""人""木"等；如果字是上下结构，需要从上到下来写，比如"三""旦"等；如果字是左右结构，需要从左到右来写，比如"明""树"等；有些字是内外结构，需要根据情况从里到外或从外到里来写，比如"国"（从外到里）和"凶"（从里到外）。我们从刚开始学写字时，老师都会教导我们按照这些法则去写，这样才能把字写得又快又好看。

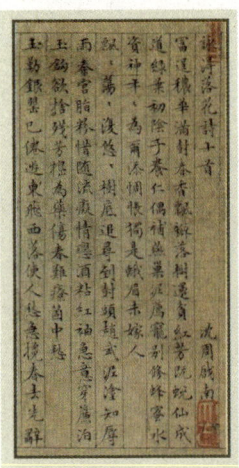

结构的法则

　　我们在外面工作、学习、旅行时，很多时候需要登记自己的名字。向对方报上名字后，如果其中有冷僻一些的字或其他一些同音字，对方往往会问："怎么写？"如果是西方人，只需要用字母一个一个拼写出来即可，譬如"Peter, P-E-T-E-R"，但若是中国人，用笔画来"拼写"显然是行不通的，总不能说"我姓王，横—横—竖—横"，一来说的人难以数清，二来听的人也难以记住。在这种情形下，我们通常采用的办法，要么是组词，要么是把一个字拆成各个"部件"分开来说，比如"我叫陈静，耳东陈，安静的静"。这样，即便不把字在纸上写出来，对方也能明了是哪个字、如何写了。

除了"耳东陈",还有"木子李""古月胡""双口吕""言午许"("许"字繁体为"許")、"木易杨"("杨"字繁体为"楊")、"走肖赵"("赵"字繁体为"趙")等,这些都是人们常用的描述解释姓氏的说法,但它们无意中遵照的其实是汉字的组成结构法则:每个字都是由一定组成部分、按照一定规律和章法结构组合而成的,比如"木子李"是上下结构、"古月胡"是左右结构、"走肖赵"是半包围结构。此外,还有些字是稍微复杂些的"左中右"或"上中下"结构,如"树""蔓"等;包围结构又有全包围和半包围之分,如"闭"和"团","闱"和"围"等。当然,还有很多常用的字不能被拆分为更小的"部件",而是直接用笔画组成的,这些字被称为"独体字"或"单一结构字",比如"上""下""人""犬"等。

按照一定的结构规律来组合,每个汉字中的每一个形体部件都能被安置到妥当的位置。而反过来说,同样的部件若处于不同的位置,字的意思也会截然不同。比如"吴"和"吞"两个字,都是由"口"和"天"组成的,只不过相互调换了一下位置,就分别表示姓氏和大口吃饭的动作,可谓风马牛不相及。又比如"口"和"木",若用上下结构来组合,口上木下

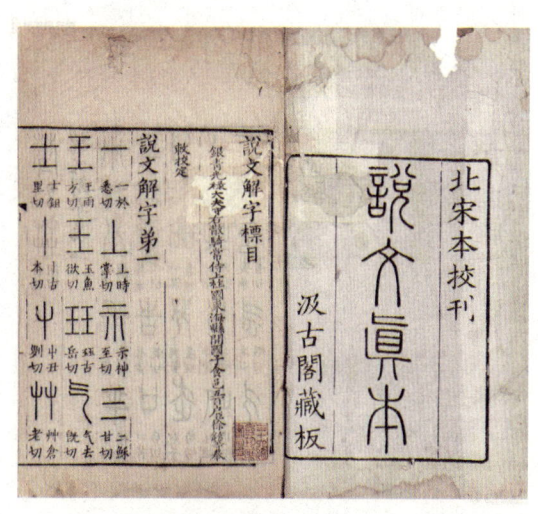

是"呆",木上口下是"杏",若用内外结构来组合就成了"困",此外还能组成一个不易发现的独体字——"束"。从这里也可以看出,汉字的构造能力相当强大,不仅不同的笔画、笔顺能形成不同的字,不同的部件和结构同样能"生产"出面貌各异的字来。异中有同、同中存异,才是汉字形体的最神奇之处。

不过,虽然字是由"部件"组合结构而成的,却不能像搭积木一样,只看表象,忽略其内在的造字本义。比起姓李、姓王的人来说,姓"张"或"章"的人会更多地被问"哪个zhāng?",因为这两个字都是非常常见常用的姓氏,容易混淆。这时,姓张的人往往说自己是"弓长张",姓章的人往往说自己是"立早章",便能清晰地辨别。然而,若是咬文嚼字起来,说"弓长张"是对的,说"立早章"却不那么确切。

为什么呢?这得回到这两个字诞生的本来意思去看。"张"本来就是"拉弓射箭"的意思,因而由"弓"和"长"组成,说"弓长张"也属实至名归;而"章",《说文解字》解释为"乐竟为一章,从音从十。十,数之终也",也就是说,一曲音乐结束为一章,"章"由"音"和"十"组成,"十"是计数的最后一个数字,"音十"的意思就是音乐到了终点,即结束一"章"。直到现在,我们常用的"乐章""篇章""章节"这些词,取的也都是这个意思。由此看来,若拆开来说,更应当是"音十章",而不是"立早章"。当然,姓章的人在生活中向别人介绍自己时不一定非得如此谨慎,且"立早章"的出现频率也更高,但若能更多地了解这个姓氏的来龙去脉,倒也是一件有趣的事情呢。

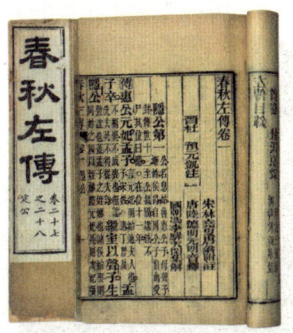

有趣的字谜

从古至今,正月十五的元宵节都是个热闹的节日,除了吃一碗美味的元宵外,家家户户都会出门游玩、赏灯、观焰火,沉浸在欢乐之中。当然,还少不了一项重要的游戏,那就是猜灯谜了。红红绿绿的纸条悬在空中,上面用毛笔写着一行谜面,等待聪慧的人猜出它的谜底来——这种既有趣又考验人们才学智慧的游戏,不仅为百姓们的节日增添了气氛,历来也为文人雅士所喜爱。在《红楼梦》中,大观园的贵族公子、小姐们就常常聚在一起这样玩耍,大家一起设谜、解谜,兴味盎然。

灯谜中,最常见的一种是字谜,即根据谜面的描述,猜出一个字来。作为一种文字游戏,

字谜在很多国家的语言中都有,但都没有像汉语字谜这样丰富有趣,蔚为大观,这和汉字变化多端的字形特点分不开。前面说到,汉字的偏旁部首独立、笔画繁复多变、组合结构多种多样,因而非常灵活,一个字改换一个部首、增减一个笔画、转变一下字形,都能"变"出另外一个字来,这一点,不仅是设谜者的巧思,同时也是解谜者的窍门。

比如一个著名的字谜"半部《春秋》(打一字)",根据谜面,人们可以猜到谜底应当是由"春"和"秋"字的各一半组成,然而当抽取两个字的不同部分、依照不同的结构来组合时,会发现这样一个谜面至少能猜出三个谜底来,分别是"秦""香""炅",从中也颇可看出汉字形体的奥趣。又如"一头牛过独木桥(打一字)",谜底是一个"生",这就是用了"横"这个笔画来作为象形。

不光是作为游戏，不少诗人们还会正正经经地把字谜入诗呢。北宋诗人苏轼有一首诗《夜烧松明火》，写的是自己在凄寒的风雨之夜烧起松明火（即松枝点燃的照明火）来照明取暖，其中有一句："坐看十八公，俯仰灰烬残。"一向幽默的苏轼在这里开了个小玩笑，"十八公"合起来正是"松"字，这个小小的谜语，一方面增添了谐谑的气氛，另一方面也以拟人的手法，展现出松枝苍翠的形象。而相传南宋女词人朱淑真所作的《断肠迷》，更是从头至尾都巧妙地隐含着谜语：

下楼来，金钱卜落。问苍天，人在何方？恨王孙，一直去了。詈冤家，言去难留。悔当初，吾错失口。有上交，无下交。皂白何须问，分开不见刀。从今莫把仇人靠，千里相思一撇消！

每一句一个谜面，而其谜底，则是从一到十的数字。十条字谜滴水不漏地蕴藏在诗句中，也不显得突兀，而是和诗的意境、韵味天衣无缝地融合在一起，表现了一个被丈夫抛弃的怨妇的悲苦哀怨，难怪历来令人拍案叫绝。

有的时候，字谜还被人曲折隐晦地使用，用来传达一些或秘密或讽刺的含义。有这样一个故事，说是清朝的大贪官和珅在家里修了一座凉亭，请大才子纪晓岚题写匾额。纪晓岚本不愿意，但略一思索，挥笔写了"竹苞"二字。因为人们常用"竹苞松茂"这个词来祝贺人新屋落成、家门兴旺，所以和珅见字非常高兴，赶紧把匾额挂了起来。不承想，有天皇上来和珅家，看到匾额时哈哈大笑，对和珅说："纪晓岚又把你捉弄了，他这是在骂你们家'个个草包'呢！"可以说，纪晓岚这是在反向做字谜，把"竹苞"二字拆分成"个个草包"，使褒义词瞬间变成了贬义词，可谓是讽刺人不动声色又入木三分。这从侧面也体现出汉字的妙趣。

第二章　口中汉语

- "没规则"的汉语
- 浓缩才是精华
- 成语多面体
- 成双成对的艺术
- 趣对妙联撷珍
- 活泼诙谐的俗语
- 座右铭的故事

"没规则"的汉语

我们中国人初学英语时，往往会为变化多端的"时态""语态""格"以及动词形式感到头疼：为什么"吃"是 eat，而"过去吃"却要变成 ate，"正在吃"又要变成 eating 呢？为什么"我吃""你吃"是 eat，"他/她吃"却是"eats"，某东西"被吃"则是"eaten"呢？为什么"我"一会儿是 I，一会儿是 me，而"我的"还"大变身"成了 my 呢？

若是学了更多外语，就知道英语还不是最可怕的，起码它的动词形式只有几种，而法语则有二十多种，俄语更是有令人望"词"兴叹的一二百种。反观我们的汉语，无论是"你我他"这样的代词，还是"吃住行"这样的动词，什么时候都"行不改样坐不改形"，"现在吃"是"吃"，"过去吃"

也是"吃",只消加上时间和"了""着""过"这样的副词就行。"狗咬我"和"我咬狗"当然是两件事,但也只是把词语的顺序调换了一下,每个字的形体完全没变化。不过,虽说我们觉得这样才最简单,但学汉语的外国人却屡屡摸不着头脑:这也太没有规则了吧!

在西方人看来,没规则,才是最难的规则。在很长一段时间里,西方人认为汉语是没有语法的。这当然是一种片面的观点,汉语也有自己的规则,只不过不同于西方语言而已,但这种说法却也从另一方面体现了汉语的一大特性:灵活。这在古代的文言文中更加明显,比如前面说到的仓颉造字成功时,"天雨粟,鬼夜哭","雨"明明是个名词,却用作动词"下雨";又如王安石描写乡愁的名句"春风又绿江南岸,明月何时照我还"中,"绿"明明是个形容词,在这里却摇身一变,作动词使用,即"吹绿""使……绿"的意思,仅仅一个字,便让江南渐渐苏醒的盎然春意跃然纸上,也令这句诗流传千古。你或许会说了,"雨"(rain)和"绿"(green)在英语中也可以用作动

词呀!但是,它们的这种用法本身就是英文字典里的规定,而不是属于诗人们的灵感创造。

比起书面语,汉语口语的表达就更加丰富活泼了,词语的搭配也常常会突破惯常认知的束缚。还以"吃"来举例,"吃"在汉语中是个非常有趣的字,"吃饭""吃零食""吃水果"当然是最正常的用法,然而我们还常常能听到另一些说法:人缘好叫"吃得开"、利益受损叫"吃亏"、对簿公堂叫"吃官司"、经受苦难叫"吃苦"、受到惊吓叫"吃惊"、热门叫"吃香"、输了理叫"吃瘪"……在这些表达里,"吃"不是真的张嘴去吃,"吃苦""吃香"也并不是字面上的意思,至于亏损、官司、惊吓等,这些东西就更没法入口了。但它们却都能和"吃"这个字组合起来,表达象征的意义,非常形象生动,而大家也都明白是什么意思,因此成为约定俗成的口语说法。

自古以来,中国土地广袤、人口众多,各地风俗习惯差异巨大,也孕育出了各地不同的语言习惯,将汉语大花园装点得姹紫嫣红。同样是吃饭,风尘仆仆的行路人肚子饿时停下来吃顿便饭,叫作"打尖";人们偶尔吃顿好饭,会高兴地称之为"打牙祭"。而同样是吃早餐,广东人说"吃早茶",湖北人说"过早",温州人最有诗意,叫作"吃天光"。在不同群体、不同地域、不同情境下,一个意思可以衍化出各种各样的说法来,而各种说法都和说话人的特点有着密切的关系。比起"吃饭"这个标准说法来,我们不能说这些词不"标准",而是应该说,比起书面语言来,人们口中使用的汉语有着更加丰富多样的表达方式。

浓缩才是精华

若我们看到一个女孩子长得非常美,会叫她"美女""美人""佳人"等,而更古典一点的形容,是说她"沉鱼落雁,闭月羞花"。这里面分别对应着中国古代四大美女的四个典故:西施浣纱,鱼儿见了她都会忘记游泳,沉到水下;昭君出塞,大雁见了她都会忘记振翅,跌落地上;貂蝉拜月,月亮见了她都自惭形秽,躲在云后;杨贵妃赏花,花儿见了她都羞愧不如,垂下花瓣。如果用标准的现代汉语说起来,这么复杂的意思得用这么长的一段话来表达。但古人巧用动词,仅仅用八个字便将其全部意思包含进去,无限韵味,尽在其中,这真是汉语的奇妙之处。

我们都知道,"沉鱼落雁""闭月羞花"是两个成语。那么,"成语"又到底是什么?——如果突然这样问你,你不一定能答上来,但却一定能脱

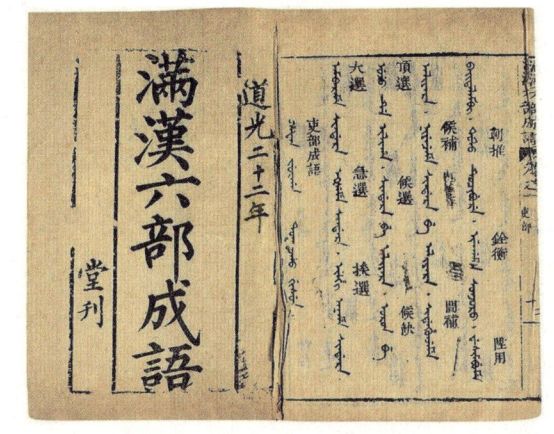

口而出许多个具体的成语来,尤其是在某个特定的生活场景中:别人新婚时,我们说"百年好合""白头偕老";为人饯行时,我们说"一帆风顺""前程似锦";还有祝贺人职位升迁说"步步高升"、乔迁新居说"安居乐业",至于过年过节时,"万事如意""心想事成""岁岁平安"等成语更是被我们挂在嘴边,一出口准没错儿。

可是,为什么要习惯性地说这些话呢?你或许会说,因为大家都这样说呀,而且这样现成的话说起来最方便不过。其实,这就是成语的本质了。一般来说,它就是汉语词汇中一些由四个字组成、作为整体来应用的"现成的话",有着约定俗成的意义。当然,也有少数成语是三个字或是多个字的,比如"敲门砖""莫须有""五十步笑百步""醉翁之意不在酒"等。尽管成语常常看起来"文绉绉"的,但正是因为意思约定俗成,加上短小精悍、信手拈来,它在我们日常生活中的出场率可真不低呢。

成语之所以叫"成语",就是因为它的结构和含义都是约定俗成

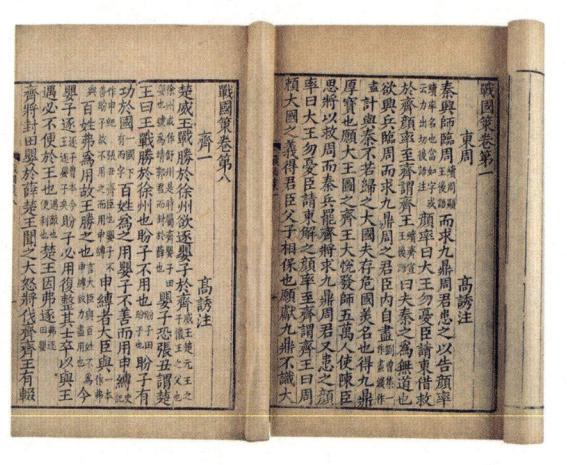

的,不能随便改动成语里的字或调换它们的顺序,更不能随便改动它们的意思。若是望文生义,使用在不恰当的场合,便会闹出笑话。比如"三人成虎",乍一看,还以为就是"三个臭皮匠顶个诸葛亮"的意思,其实这个成语来源于《战国策》里的寓言故事,讲的是如果有三个人都谎称街市上有老虎的话,其他听的人也就相信是事实了,比喻的是如果谎言传多了人们也会信以为真。

又比如,我们常常说某人某事过气了,成了"昨日黄花",其实这也是错误的说法,正确的说法应当是"明日黄花"。这个成语的出处,是大诗人苏轼的诗句"相逢不用忙归去,明日黄花蝶也愁"。他写这首诗的日子正巧是在重阳节,因此诗句的意思是,相逢在一起就别忙着回去,否则过了重阳节到了明天,黄花(菊花)过时了,连蝴蝶看了也会发愁的。了解了这个渊源,就知道应该是"明日黄花"而不是"昨日黄花"了。所以说,用成语时可不能想当然,一定要弄明白意思才行。

"三人成虎"出自古代典籍,"明日黄花"出自文人诗句,这也是很多成语的来源,包括经常被当作经典成语故事讲的"揠苗助长""刻舟求剑""自相矛盾"等等,它们听起来十分夸张、荒谬、可笑,却包含了很强的讽刺性和哲理性，至今被大家津津乐道。还有一些成语的来源不是传说故事，本身就是古代发生过的真实事件，比如"完璧归赵"，讲的是赵国大臣蔺相如保护和氏璧的故事，现在形容把物品完好无缺地归还给主人；又如"毛遂自荐"，讲的是战国时期平原君的门客毛遂自我推荐去楚国游说的事情。

一条成语虽然看起来短小，但却言简意赅、生动形象，仅仅用几个字就能够准确、传神地表达出复杂的意义，体现出了语言的趣味。它约定俗成，大江南北都通晓其意，说的人和听的人都能理解，增进了交流的效果。如今，汉语里的成语已经有一万条以上，成为我们日常表达中不可或缺的一部分。

成语多面体

　　看电视、上网或行走在户外时，我们总会在广告里遇到一些被改头换面的"成语"：自行车"骑（其）乐无穷"、洗衣机"闲（贤）妻良母"、蚊香"默默无蚊（闻）"、热水器"随心所浴（欲）"、止咳药"咳（刻）不容缓"……这些成语里的错别字，是"狡猾"的商家故意用错的，既简洁清晰地突出了产品的性能特色，又借助人人耳熟能详的成语，加深人们的印象，起到宣传作用。错用成语当然不值得提倡，但也说明成语这种古老的形式依然深刻地参与着现代人的日常生活。

在电视剧《西游记》里，我们最喜欢看的莫过于齐天大圣孙悟空变身了，一会儿变作一只苍蝇，一会儿变作一个孩童，一会儿干脆拔一根毫毛吹口气，瞬间变出万千小猴子来，真是让人眼花缭乱。如孙悟空大战哪吒那一节，好不精彩：哪吒变出三头六臂来，拿了六样兵器，孙悟空见状不甘示弱，喝声"变"，也变作三头六臂，把金箍棒晃一晃，变成了三条。

因为《西游记》是一部神怪小说，里面的神仙鬼怪常有充满了想象力的超现实造型，因而即便是"三头六臂"也不会让人觉得诧异。不过，我们在现实中有时也会听到人们说某个人有"三头六臂"，这里当然不是说他像孙悟空和哪吒一样，真的长出了三个脑袋六条胳膊，而是一种夸张的说法，比喻这个人有多方面的本领，什么活都干得了、玩得转。

小小的成语，就像这孙猴子一样，三头六臂，神通广大，不仅能浓缩复杂的语义，还能在方寸之间容纳种种修辞手法，或比喻，或拟人，或夸张，着实趣味盎然。比如一个人口才很好，我们会说他"口若悬河"，

口中的话语像瀑布一样倾泻而下，其滔滔不绝之态便跃然眼前；而若一个人十分愤怒，我们会夸张地说他"怒发冲冠"，形容他生气得头发直竖，连帽子都顶起来了。

最常见的一种，是在成语中用动物来比喻人，而且这种成语的数量还真不少，形成了一个热闹的"动物园"：有人们最熟悉的家畜家禽，如鸡飞狗跳、呆若木鸡、汗牛充栋、亡羊补牢、马首是瞻等；也有野外的飞禽走兽，甚至想象中的动物，如龙腾虎跃、狐假虎威、狼狈为奸、闲云野鹤、鹬蚌相争渔翁得利……为什么会有这么多"动物成语"呢？这在很大程度上是因为在人们的惯常认知中，不同的动物都有它们特定的习性，人们从中寻找到了与人类社会相似的关联性，便将它们人格化，衍生出不同的"性格"来：狐狸狡猾、兔羊胆小、虎豹凶恶、牛马忠诚……而这些，也正投射了人类世界中的种种世相，表面说的是动物，其实说的是人。对于这些带有动物的成语，很多时候即便我们不知道确切的意思，但只要联想一下这种动物的形象，也能猜个八九不离十：老鼠体积小，眼界有限，"鼠目寸光"比喻的就是人眼光短、见识浅；蛇本来没有脚，非要"画蛇添足"，岂不就是多余且适得其反。

不过，就像人一样，动物并非只是一成不变的刻板"面孔"，也有两面性乃至多面性。这一点，也在成语中被微妙地刻画出来了。比如牛，大多数时候给人留下的是勤恳、踏实、高大的印象，对应的成语有"初生牛犊不怕虎""老牛舐犊"等，但它们有时也会显得固执、笨拙，因此也会有"对牛弹琴""钻牛角尖"等听起来不太"光彩"的成语。这个时候，就不能想当然，而是要靠翻成语词典来仔细分辨了。

　　成语还有一种非常好玩的玩法，叫作"成语接龙"。这是一种纯娱乐性的文字游戏，你对此一定不陌生，或许还经常和小伙伴们玩：一心一意——意在笔先——先声夺人——人山人海——海阔天空——空前绝后——后生可畏……就像这样，一群人聚在一起，每一个人说出一个成语来，而且第一个字要和上一个人所说成语的末一个字相同（或同音），以此环环相扣，像一条长龙一样不断延伸下去，一直到某个人接不上来为止。通常这个接不上来的人，就要接受一些小小的"惩罚"。这个游戏常常在欢笑中进行，它最好的地方是其既难也不难："不难"是因为成语渗透进了我们中国人的日常语言，老老少少男男女女，每个人都掌握了一定量的成语，随时随地都可以玩起来，人人皆宜，而"难"的地方则是随着这条"龙"接下去，会对人的成语储备量提出越来越高的要求。所以，它既能当作朋友之间闲暇时调节气氛的益智小游戏，也能成为文人之间相互比拼知识、才华的社交手段，真可谓一举两得呢。

成双成对的艺术

游览名胜古迹时,我们常常能在古色古香的大门左右看到一对显眼的"身影",上面各写着一竖行汉字,这就是对联了。大到宏伟的宫殿庙宇,小至玲珑的亭台楼榭,对联几乎随处可见。游人若不注意,只会从旁走过,但也有对传统文化有心的人,遇到对联时会处处留神,看看它出自谁手,又有什么妙语佳句。那些历史悠久的古建筑,它们的对联往往出自名人文士之手,有文采有典故,读之令人击节。如湖南岳阳楼所悬对联:

四面湖山归眼底,万家忧乐到心头。

语句看似平常,其实暗含机巧。北宋政治家、文学家范仲淹曾登上岳阳楼,留下千古名文《岳阳楼记》,当中有名句"先天下之忧而忧,后天下之乐而乐",对联中的"万家忧乐"指的就是这个典故。

又如苏州名园沧浪亭所悬对联:

清风明月本无价,近水远山皆有情。

这副对联出自清代学者梁章钜之手,是一副集句联,上联来自欧阳修诗句,下联来自苏舜钦诗句。欧、苏两人都是北宋名臣,苏舜钦当年修建了沧浪亭,作《沧浪亭记》,常邀欧阳修等人来此同游。这副对联不仅描绘了美景的珍贵与亲近,还以此镶嵌进了和造园有关的人、事,精巧绝伦。名人、名文、名联,常常会赋予一处山水、一间庭园人文的气息,提升其格调与韵味。

对联又称"楹联",也是汉语特有的一种有趣的表达形式,它的历史十分悠久,早在五代时,后蜀国主孟昶就曾经在桃木板上写过一副"新年纳余庆,嘉节号长春"的句子,在很长时间里被认为是世界上第一副对联。后来,人们就发现这种形式早在唐朝时就已经出现了。

对联的出现,是建立在汉字特有的一字一音的结构之上。每一副对联分上下两联,表面看起来是两句话,但其实有着很严格细致的讲究:首先,上下联的字数必须相等,而且断句、语法结构要一样;其次,上下联的声调也有要求,要尽量平仄相对(就日常接触到的情况,笼统地说,"平声"可略视作普通话里的一声和二声,即阴平和阳平,"仄声"可略视作三声和四声,即上声和去声),也就是说上联的平声字,在下联相同位置处要对应仄声字。例如有一副常见的对联"又是一年芳草绿,

依然十里杏花红",上联的声调是"仄仄平平平仄仄",下联的声调则是"平平仄仄仄平平"("十"古代为入声,属仄声字),对仗十分整齐,读起来会产生一种独特而和谐的韵律美感,语词跳跃舌尖,字正腔圆又相互呼应,仿佛琴瑟和鸣一般。

另外,上下联中相同位置的词语也要相对,或是词性相同,或是词义相关。如上面一联,"一年"(时间)对"十里"(空间)、"芳草"(名词)对"杏花"(名词)、"绿"(颜色)对"红"(颜色),相当工整的形式之下,描画出阳春时节一派花红柳绿的盎然景色。

这些规矩看起来麻烦,但事实上,对联之所以富有美感,却正是由于这些规矩的存在:它成双成对出现,长短整齐,方方正正,给人一种视觉上的对称之美,也暗合了中国人向来将一对、一双视作吉祥如意的心理;听觉上,则音韵和谐,节奏分明,声声相和,既悦耳又铿锵;一左一右挂起来,也是一种很有文化意蕴的装饰物,给门庭、居室平添了

几分庄严与美观，常常成为美景雅舍的点睛之笔。

古代儿童从小时候念私塾起，就要开始学习作对联，这也是为长大后学诗作文打基础，因为对仗是古代诗文的重要因素。很多才思聪敏的小孩子就因为善对对联，幼时便被人称作"神童"，长大后果然成了有名的才子，如明代的大学士解缙、邱濬、李东阳，清代文学家李渔、李调元等，关于这些神童对联的佳话流传甚广。儿童学对对联也有"教材"，也就是一些专门编写的启蒙读物，如《训蒙骈句》《笠翁对韵》《声律启蒙》等，多成书于明清时期。这些书里没有复杂的概念和讲解，只有朗朗上口的词句，如"天对地，雨对风。大陆对长空。山花对海树，赤日对苍穹。雷隐隐，雾蒙蒙。日下对天中。风高秋月白，雨霁晚霞红"之类，妙在天地造化，花鸟器物，仿佛一帧帧优雅古典的画面，让懵懂的儿童在优美的意象和悦耳的韵律中，一点点体会对仗、声韵、词语组织等要素，渐渐培养起文学修养来。即便如今我们不再苦心孤诣地钻研对联的技艺，但每每诵读这些节奏明快的文字时，依然能进入古人的世界，感知古典时代美的风神，这也是传统留给我们的无形遗产。

趣对妙联撷珍

做天下头等事业，用世间顶上功夫。

这是一家店铺门口贴的对联，乍一看难免被吓一跳：这家店到底做的是什么了不得的大事，又究竟有何能耐，竟然以如此大的口气自诩？再定睛一瞧，不禁莞尔：原来是一家理发店。理发师可不就是在人们的"头""顶"上工作嘛！这副对联看似虚，实则实，以虚指实，先让人产生误解，再让人恍然大悟，碰撞出一种幽默的效果，是一副趣味十足的行业妙联。

在街上散步时,时常会遇到一些饶有趣味的对联。譬如餐馆酒家,总离不了"美味佳肴""高朋满座"之类的意思,总归都红红火火热热闹闹,但有一家却"清淡"得多:

为名忙,为利忙,忙里偷闲,且喝一杯茶去;
劳心苦,劳力苦,苦中作乐,再斟两壶酒来。

妙就妙在,这副对联不是从店家的角度说的,而是从顾客的角度说的。客人见了,想到的是自己:平时忙忙碌碌、劳心劳力,此时何不暂做个闲云野鹤,犒赏自己一番?往大里说,忙里偷闲、苦中作乐,才是最普遍的人间世情,是每个人在纷扰尘世里的生活方式。一副对联,竟让这寻常市井中有了些悠然出世之感。

对文人来说，作对联不仅是一种考察才华的文字游戏，更是作诗的一项基本功，其重要性自然毋庸置疑。然而，对千千万万普通人来说，对联也密切参与着日常生活，从来没有远离和消失，是活着的传统。我们最熟悉的就是每逢辞旧迎新之时，家家户户都要在门的两侧贴上春联，多是"天增岁月人增寿，春满乾坤福满门"，或"向阳门第春常在，积善人家庆有余"之类的内容，纷纷表达出迎接新春、祈盼幸福的愉悦心情。除了年节，在人生的重要节点处，人们也总会献上相应的对联，作为一种习俗和礼节，如结婚有喜联、祝寿有寿联、吊唁有挽联等。比如人们常说的"福如东海，寿比南山"，当长辈过寿时，晚辈如此恭恭敬敬道一声，便立即添了其乐融融的氛围——汉语正是以这些小小的日常细节，让最平凡的生活也不缺少文化的亮色。

对联的讲究虽多，但如同戴着镣铐跳舞一般，会"跳"的人仍然能够巧用汉语各种各样的形式变化，通过拆字、缺字、用典、谐音等方法，创造出许多令人拍案叫绝的对联来。对联对长度没有要求，最短的对联能够短到一个字，也就是所谓"一字对"。最出名的是这样一副：

墨

泉

这两个字的意思没什么关联，乍看起来，真是令人摸不着头脑，但一经拆字分析，顷刻便能恍然大悟："墨"是"黑土"，泉是"白水"，黑对白，土对水，因而"墨"对"泉"。听起来似乎有点荒诞，但这正是以汉语为游戏的妙处：形体的变化能产生出和原来意思无关的新的意义出来。又有人以"日本"对"周末"，"鸡冠花"对"马齿菜"，也是同样别具匠心。

　　除了这种工巧的短联，不少文人也喜爱创作长联，融入更加丰富宏大的内容。对联的长度虽无上限，但肯定是越长越难，然而人们仍乐此不疲。例如清代名士孙髯翁为云南昆明滇池大观楼所作的对联，上下联加起来足足有180个字，其上联写滇池风物，下联记云南历史，气势磅礴，浑然一体，为五百里滇池增色添辉。这还不算最长的，成都望江楼

的长联有210字、武汉黄鹤楼的有350字、四川青城山的有394字，至于晚清名臣张之洞为屈原庙湘妃祠题写的长联，更是有惊人的408字。这时与其说文人是以对联来题赞，不如说他们已将其作为了一种文体，来指点江山，抒发胸臆。

除了文字内容，就连对联的形式本身，有时也能产生意义。1916年，"中华民国大总统"袁世凯称帝后没多久就去世了，有人便拟了这样一副"挽联"：

袁世凯千古
中国人民万岁

"千古"对"万岁"没问题，但三个字的"袁世凯"怎么能对四个字的"中国人民"呢？显然，这不是合格工整的对联体式。但其实，作者的原意正暗含在这不工整当中：袁世凯"对不起"中国人民。其联看似歌颂，实则讽刺，格外辛辣尖锐，抒发了国人的义愤，成为寄托感情的载体。这也是对联的一处妙用。

活泼诙谐的俗语

"你别嫌你妈成天唠叨你,其实她这人就是刀子嘴豆腐心,本意是为你好的,再说儿行千里母担忧,你就别跟她计较了。"爸爸这样劝儿子。

"新来的小伙子长得不起眼,没想到能力挺强,真是'人不可貌相,海水不可斗量'。现在这时代,果然是长江后浪推前浪啦!"老前辈这样夸新同事。

"明明是他捅娄子,可他倒好,鞋底抹油——溜了。反倒显得我们其他人狗拿耗子,多管闲事。"被惹麻烦的人这样埋怨肇事者。

……

上面这些对话,经常萦绕在我们耳畔,你一定不会觉得陌生。这些话之所以听起来生动活泼、极富有生活气息，一个重要原因就是，里面用到了大量的俗语，像"刀子嘴豆腐心""长江后浪推前浪"这些，更是常常被人挂在嘴上。与富于文人性、艺术性的对联、诗歌等相比，俗语是真正属于百姓的、活跃在日常生活中的语言，它们由群众所创造，在群众中流传，奇特而生动，有着约定俗成的意义。我们必须要明白的一点即是，汉语既有"雅"的一面，也有"俗"的一面，在作为艺术表达的形式之前，它首先是一种用来供人们交流的"活语言"，免不了带有自身独特的通俗性、风俗性、民俗性，也充分显示出百姓的智慧一点儿也不比文人墨客的少。

俗语细分起来，有好多种形式，如谚语、歇后语、俚语、口头上常用的成语等。谚语大多是人们在实际生产生活中发现而后提炼出来的，往往包含着某种道理，或是生活常识，或是自然规律，或是为人处世的准则，等等。譬如，"众人拾柴火焰高"告诫人们要团结，"一寸光阴一寸金，寸金难买寸光阴"警示人们要珍惜时间，"冰冻三尺，非一日之寒"告诉人们要有恒心，等等。和文人的诗句不同，谚语中所透露的道理或许并不那么深邃，但却格外通俗易懂，传达了老百姓心中最朴素的是非善恶。什么东西是好是坏、是对是错，百姓心中自有一杆秤，用一句话便传达得清清楚楚。

谚语里，还有专门的农业谚语和气象谚语。中国是农业生产大国，节令和天气对农民们来说至关重要，他们在传承千百年的春种秋收中，积攒了丰富的知识，凝成一条条简明的经验之谈，如"枣发芽，种棉花"，说的是作物的种植时间，"朝霞不出门，晚霞行千里"，说的是对雨天的预报。这样的谚语，以最接地气的方式服务于生活。

歇后语也是俗语中一种非常有趣的形式,我们同样不陌生。"黄鼠狼给鸡拜年——没安好心""小葱拌豆腐——一清(青)二白""猪鼻子插大葱——装相(象)",这些都是生活中常说的。不难发现,歇后语的模样很有特点,每一句歇后语都由两部分组成,前一部分像是一个谜语的谜面,而后一部分则像是它的谜底,先比喻后解谜,引出真正想说的话。有时候,人们说歇后语也只说前一半,让对方去体会其中包含的意思,因为把后半段"歇去"了,也就是说话说一半就停住不往下说了,所以才叫作"歇后语"。

歇后语总是显得诙谐幽默,隐晦表达出人们对于一些事物的赞赏或讽刺,揭示出某些道理。这一条条机智的巧喻妙语,给原本普普通通的语言表达带来了充沛的活力和浓郁的生活气息,一直为人们所喜闻乐见。比如在某次考试前,你的一个好朋友让你到时"帮帮他",可是你不太愿意,加上这次也没怎么复习,就可以委婉地拒绝说:"别求我啦,我也是'泥菩萨过江——自身难保'了!"

座右铭的故事

许多人都喜欢在书桌上、墙上等显眼处贴一些激励的话,以鼓励自己发奋努力,做一个品行端正的人。这些话有的是自己写的,有的是现成的。传统一点的比如:

吃得苦中苦,方为人上人。
上善若水,厚德载物。
业精于勤荒于嬉,行成于思毁于随。

这些被用来指导人生行动的格言警句,有时被叫作"座右铭"。和每个人都挂在嘴边的俗语不同,座右铭有着非常浓厚的个人色彩,每个人都可以选择自己的座右铭。当然,座右铭不一定非得写出来,更重要的是要时时刻刻长存心中,在自己每一次采取行动、进行选择时亮一盏明灯、敲一记警钟。

"座右铭"三个字听起来有些奇怪,它为什么会叫这样一个名字呢?"铭"是古代的一种文体,一般铭刻在器物上,用来记录事情、追述功德或警醒自己。人们熟悉的刻在墓碑上的"墓志铭"就是一种典型的铭文。唐代刘禹锡有一篇有名的文章《陋室铭》,就是他写给自己简陋居室的,表达"斯是陋室,惟吾德馨"的自豪心情。而"座右铭",顾名思义,就是铭刻在书案右边、用以时时提醒勉励自己的文句了。

据传,"座右铭"这个名称的来历和东晋书法家崔瑗有关。有一次,崔瑗的哥哥崔璋被别人杀了,为了给哥哥报仇,崔瑗杀了仇人,逃亡异乡。后来赶上大赦,崔瑗才回到了故乡,但一想起自己的所作所为,他就非常后悔,希望以后能有所警戒。于是,他写了一篇关于道德自律的铭文,置于座位右边,时时规诫自己。这篇文章的题目便是"座右铭",其文如下:

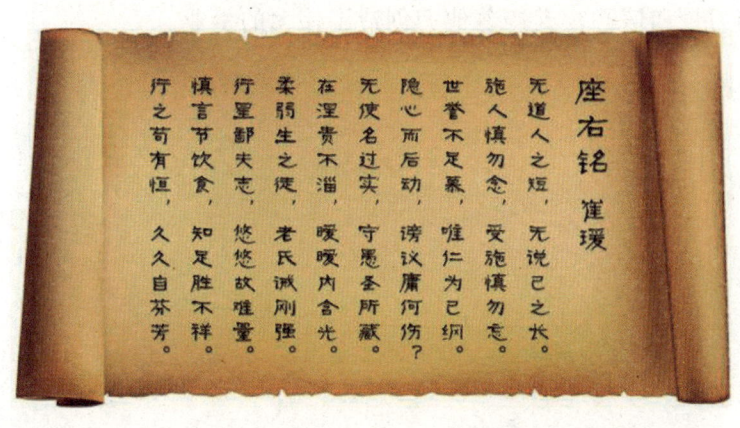

无道人之短，无说己之长。施人慎勿念，受施慎勿忘。世誉不足慕，唯仁为纪纲。隐心而后动，谤议庸何伤？无使名过实，守愚圣所臧。在涅贵不淄，暧暧内含光。柔弱生之徒，老氏诫刚强。硜硜鄙夫介，悠悠故难量。慎言节饮食，知足胜不祥。行之苟有恒，久久自芬芳。

崔瑗这篇《座右铭》的大意是：做人不要损人短处、夸己长处，不要爱慕虚名、同流合污、浅薄固执，而要心存仁爱、以柔克刚，打磨自己的内在，使其由内散发光芒，成为一个正直高尚的君子。这是崔瑗对自己的严格要求，也是很高的道德规范。后来，人们就常常用"座右铭"一词来指称那些激励、警戒自己的格言。

世界上很多名人都有自己的座右铭，比如著名思想家马克思的座右铭是"思考一切"，周恩来总理上学时的座右铭是"为中华之崛起而读书"，著名画家徐悲鸿的座右铭是"人不可有傲气，但不可无傲骨"，苹果公司的缔造者乔布斯的座右铭是"求知若饥，谦虚若愚"（stay hungry, stay foolish）。这些座右铭在他们人生的每个阶段都坚定了他们的信念，给他们力量和信心，支持着他们创造了伟大的事业。

第三章 手中汉语

- 不可小瞧的"文房四宝"
- 汉字的童年：甲骨文和金文
- 书同文"的篆书
- 大飞跃"的隶书
- 作为"楷模"的楷书
- 行云流水的行书
- 龙蛇飞动的草书
- 与时俱进的"新字体"

不可小瞧的"文房四宝"

写字的时候，人们要用到笔和纸。这两样东西我们再熟悉不过了：小时候用的铅笔，大一些用的圆珠笔和钢笔，画画时用的蜡笔、水彩笔，老师上课用的粉笔等；纸也有各式各样的种类，比如普通书写用的白纸、书本用的各类印刷纸、报纸用的新闻纸、包装袋用的牛皮纸、如厕用的草纸、商品票据用的热敏纸……即便现在有了种种电子化的手段，但人们也着实难以想象完全接触不到一张纸、一支笔的日子。笔和纸，这两种带有人的温度的古老书写工具，在现代社会的运转中，依然有着顽强的生命力。

如果你学过书法或国画,一定对另一种特别的纸笔印象深刻,那便是柔软的毛笔和洁白光韧的宣纸了。它们是中国古代最为常用的书写工具,虽与现代纸笔的"外形"不同,但其本质却是一以贯之的。除了它们,古人必不可少的书写工具还有墨和砚,这四样东西长年出现在古代文人的书房案头,被称为"文房四宝"。对于文人来说,好的笔墨纸砚,使用起来流畅润滑,能促使他们文思泉涌、丹青妙成,既是他们珍而重之的心爱之物,同时也是高雅宝贵的礼物,蕴含着丰富的文化趣味和内涵。

古代的毛笔和今天的铅笔、圆珠笔、钢笔等相比,有个最大的不同,即它是"软笔",而其他的都是"硬笔"。硬笔笔头由石墨、金属等制成,写字笔画纤细,手感坚硬,而毛笔笔头由羊、黄鼠狼、兔等动物的毛发制成(由此有羊毫、狼毫、兔毫等的区别),非常柔软,在纸面上写起字来,起承转合之间的粗细、力道、干湿均不同,也形成了千姿百态的

书法艺术。毛笔相传是秦始皇的大将蒙恬发明的,在古人眼中,出自安徽宣城的"宣笔"和浙江湖州的"湖笔"被视为品质最佳的笔。比如诗人白居易在《紫毫笔》一诗中就曾写到宣城进贡的笔:"江南石上有老兔,吃竹饮泉生紫毫。宣城之人采为笔,千万毛中拣一毫。"一支毛笔,竟如此优良珍贵、千里挑一,难怪诗人规劝人要珍惜使用。

纸就更了不得了,别看它现在最寻常不过,却是中国惠及世界的一项伟大发明。纸具有轻薄、光滑、易书写的特点,解决了全世界搜寻书写材料的难题,让人们得以方便地学习和传播知识和文明。在纸诞生之前,古人曾尝试过在各种各样的材料上写字,一开始的上古时代,是把文字符号刻在龟甲、兽骨及青铜器上,非常小众。后来,从春秋战国一直到秦汉时期,人们开始在简牍上写字,他们把竹、木削成细长的一片,每片从上到下可写一行字,再将它们按照顺序编起来,成为一"册"。在真正的纸出现之前,简牍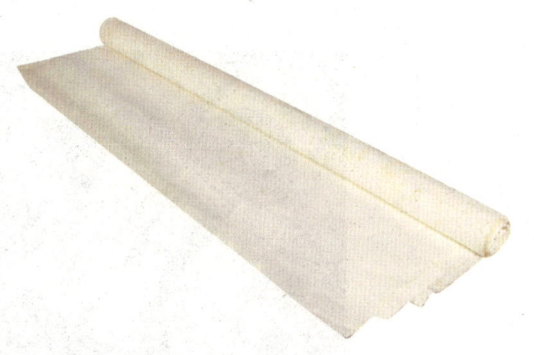一直是我国最重要的文书材料,使用了很长时间。不过,简牍有很大的缺点,它往往体积很大,累积起来很重,因而不易携带。

据说西汉时,大臣东方朔有一次向汉武帝上书,足足写了三千片竹简,要两个壮汉才能抬进宫,汉武帝更是用了两个月才读完。为了轻巧便携,当时有人也在丝绸上写字,称为"帛书"或"缯书",但丝绸十分昂贵,无法被大量作为书写材料。在这种情形下,纸应运而生。目前世界上发现的最早的纸出现在西汉,到了东汉时,宦官蔡伦总结前人经验,改良了纸的制造工艺,用树皮、破布、麻等随处可见的东西作为原料,造出了洁白光滑又造价低廉的纸,人称"蔡侯纸"。后来随着技术愈加进步,纸渐渐推广开来,终于成为主要的书写材料。由于纸的出现,知识得以迅速传播,中国率先

迎来了璀璨的文明时代。最好的纸,当属出自安徽宣城郡的宣纸,它洁白坚韧,润墨性好,经久不脆,非常适合毛笔书写作画,现在已经成为中国传统书画用纸的"标准款"。

墨和砚常常成对出现,使用起来也必须"相依相伴"。我们今天习惯了用现成的墨水、墨汁,但古人写字前却必须先用墨在砚台上研磨出墨汁来。墨是一大块黑色的固体,加水细细研磨后便成为液体的墨汁,而砚台是磨墨、盛墨、搁笔的工具,一般由石材制成。人们还会在名贵的墨和砚上雕刻出精美的花纹,宛如艺术品一般。最著名的墨是徽州歙县(今属安徽)出产的徽墨,而歙县同时也是砚台的名产地。歙砚和广东端州(今属肇庆)的端砚、甘肃临洮的洮砚以及黄河澄泥砚并称"四大名砚"。尽管如今砚已从我们的日常生活中谢幕,只被用作书法用具,但一方美砚仍为人们喜爱,常被作为人们互相赠送的礼物。中国人对书写工具的看重,不能不说是源于我国尊重文化的悠久传统。

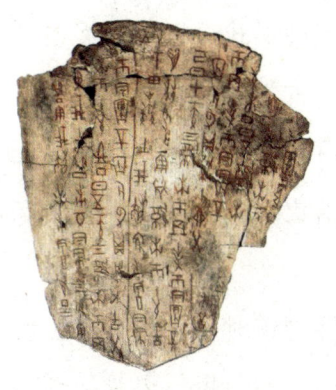

汉字的童年：甲骨文和金文

"以铜为鉴，可正衣冠；以古为鉴，可知兴替。"翻开桌上的历史书，商汤伐夏桀，武王灭商纣，姜子牙"愿者上钩"——放眼望去，一个个威风凛凛的历史人物，一段段引人入胜的历史故事，都令人振奋、引人深思。即便是当代的人，也能获得来自历史隧道深处的深远启示。然而，这些故事离今天已经有三四千年之久了，现代的人是怎么知道那么久之前发生的事情的呢？

当然，这并不是靠现代人的想象，而是靠一代代史家的记载传承。书籍诞生之后，史料借书籍得以流传，而在书籍诞生前的几

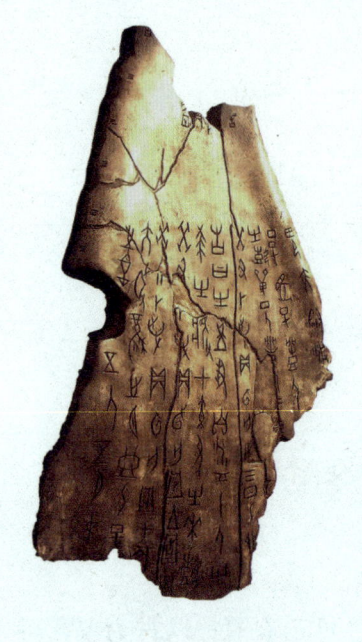

千年里,它们以各种形式被埋没于漫漫黄土之下,等待着考古学家的发掘和古文字学家的辨认,之后方才能够成为一段段延续中华文明的"信史"。古老的甲骨文和金文便是如此。

去参观历史博物馆时,人们有时会看到展厅里陈列着的一些龟甲、兽骨上面,刻着一些曲里拐弯的符号,乍看像文字,细看又像图画,这便是"甲骨文"了。甲骨文是我国已知最早的成熟文字形式,但直到清朝末年才被发现。这一发现非同小可,把中华文明的源头向上又延伸了好久。

上古先民之所以要在龟甲和兽骨上刻字,来源于当时的一种仪式。上古时候,由于科学技术水平低下,人们相信鬼神的力量,遇到什么事都要向鬼神询问是否吉利,这叫作"占卜"。占卜时,人们在龟甲、兽骨上面钻出些小洞,再把它们投入火中灼烧,过后沿着小洞会出现一些裂缝,这被看作是上天的旨意。当时被认为能够通灵的巫师向诸人告解意思后,会把占卜人的姓名、占卜的事情以及结果刻在龟甲、兽骨上,事后还会在上面刻上结果是否应验,这些文字都叫作"卜辞"。也就是说,甲骨文的内容其实就是上古人们进行占卜的一些记录。

比如商朝时期,有一段甲骨卜辞是这样的:乙巳卜,壳贞,王大令众人曰,协田,其受年,十一月。古文字学家将这句话翻译过来,意思就是:

乙巳这年占卜，根据龟壳上的纹路呈现出来的结果，大王命令众人说，你们齐心协力好好耕田，在十一月就能获得好收成。

我们还能在博物馆中看到不少沾满铜锈的青铜器，有盛食物用的鼎、簋等食器，有喝酒用的尊、爵等酒器，还有打仗用的剑、钺等兵器。它们从地下被挖掘出来，抖落一身泥土，静静地向今天的人们讲述着几千年前先民们的生活。若仔细看看这些青铜器的内壁，有时能看到一些竖写的文字符号，这便是"金文"了。

金文也是我国一种古老的文字，也叫"钟鼎文"，稍晚于甲骨文，盛行于两三千年前的商朝、周朝。那时正是我国青铜文明的灿烂时代，冶炼、铸造技术都十分成熟，大量精致、美观、庞大的青铜器被生产出来，用于日常用度和祭祀礼仪等。人们在铸造

青铜器的时候，有时会把铸造的始末、家族的谱系，以及当时的祭祀、战争、狩猎、诏令、盟约等一些重要事情刻在上面，作为一种记录，这就是金文的由来了。和甲骨文相比，金文字体显得更加整齐、厚重、清丽。

甲骨文和金文作为文字的雏形，和现在我们熟悉的"方块字"看起来很不一样，它们更加接近所表示的事物的真实模样，这也是汉字最初作为象形文字的例证。比如"马"的甲骨文字形是🐴，像一只从侧面看的马，上面是头，下面是身；"羊"的甲骨文字形是🐑，就像是一只羊的脸，重点突出了它头上的两只角；"鸟"的甲骨文字形是🐦，鸟头、鸟嘴、

翅膀都栩栩如生。经过几千年的演变，后来的字形渐渐离实物的形状越来越远，这当然是一种抽象思维的进步，但也削弱了些从图画中来的形象和趣味，多少令人有点遗憾。

正因为甲骨文和金文能够最大限度地呈现出字的本义，因而即便它们如今看起来已十分陌生难辨，在考察一个字的字形字义时也依然要追根溯源到这里。比如"中国"，这个词最早的文字记录来自出土于陕西宝鸡的何尊，其铭文中有"宅兹中国"四个字，意思是"居住在'中国'"。可以看到，"中"字的上下两部分图案很像两面小旗，象征着两军对垒，而中间那个小圈，就代表着双方之间的地带了，不偏不倚，也就是"中"；而"国"字看起来有些像我们今天的"或"字，左边的小圆圈代表疆域、国土，右边的"戈"字代表武器。有土地、有国防，便是一"国"。可以说，甲骨文和金文如实地记录了上古时的社会面貌，是最为可靠的"史官"，它们能够帮助几千年之后的后人清楚地了解到久远的历史，确认古书中记载的史实。

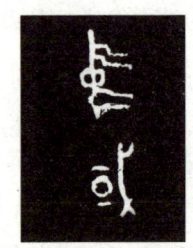

"书同文"的篆书

上面这种字体,大家是否觉得熟悉呢?每当我们欣赏一幅书法作品或一幅山水卷轴时,在边缘角落总是不难见到拓印其上的红色印章,或刻着作者的名字,或刻着和艺术作品内容相配的字眼,而印章上最常见的字体就是上面的篆体了。

篆体看起来富有特殊的空间美感,线条充满张力又饱含弧度,方中带圆,圆中有方,除了作为篆刻字体、为诗文画卷增添色彩之外,它本身也作为一种书法字体,至今依然受到众多书法家的喜爱。所谓"书法",就是将书写本身作为一种法度,作为一种可与音乐、绘画并列的艺术,这是我们国家非常悠久而独特的传统,也形成了中国人别具一格的审美观念。

篆体分为大篆和小篆两个阶段。大篆的代表作是石鼓文,也叫"籀文"。"石鼓"是唐太宗时出土于陕西宝鸡的十个像鼓一样的巨大石墩,每个上面都刻有一首诗,共718个字,记录了秦国的一些大事迹。韩愈曾作长诗《石鼓歌》,赞美石鼓文的字体奇丽如珊瑚扶疏,笔形奇劲如金绳铁索。现在看来,石鼓文着实字体方正,舒展圆融,又风骨嶙峋,透露出一股秦人的气魄。

公元前221年,秦始皇灭齐、楚、燕、韩、赵、魏六国,统一天下。但在当时,不同诸侯国方方面面的区别很大,

不仅语言不同、货币不同、度量衡不同,连文字形体也不同,这给交流带来了巨大的障碍。于是,秦始皇命令丞相李斯等人整理出统一的文字来,并向全国推行下去,这就是所谓的"书同文"。李斯以秦国使用的文字"大篆"为基础,参考其他六国的文字,创造出一种新的字体,这就是小篆。比起大篆来,小篆和我们今天看到的"方块字"更相像了。

这是"书同文"之前各国的"马"字:

燕　齐　赵　魏　韩　楚　秦　秦统一后的文字

小篆最著名的作品是《峄山刻石》和《泰山刻石》。峄山和泰山都在山东,山东是大思想家孔子、孟子的家乡。公元前219年,刚刚统一天下不久的秦始皇登上这两座山,游览山川,追忆先祖,和山东的儒生们议论大事。后来,这件事由丞相李斯写成文章,又命人刻成石碑,碑文字体整齐而清丽,非常美观。

小篆的出现，还有着更加重要的历史意义。秦以降，伴随着"书同文""车同轨""行同伦"等各种统一规范措施的推行，中国第一次进入了大一统时代。全国各地人民都用同一种文字来书写，促进了交流，密切了联系，发展了文化。如今回望历史，中国几千年来一直能够保持总体的统一，没有长时间的分裂，"书同文"有着很大的功劳。东南沿海、西北边陲、南疆海域、北国大漠，由于地域辽阔，山川阻隔，全国东南西北各地之人都说着不一样的方言，甚至相邻城县之间的人们见面说起话来也未必相通，但各地在文化上依然能沟通无阻、有着共同的认同感，很大程度上正是因为使用着同样的文字——汉字。看似柔弱的文字，成了比政治、军事等更为坚实的民族纽带。

"大飞跃"的隶书

在很多庄重正式的场合，比如机场、火车站、公益标语等处，大家常常能见到用上面这种字体书写的大字，它就是隶书了。隶书扁宽方正，尤其是横画十分飘逸，透出一种大方古拙之美，在美术设计上是非常受欢迎的一款字体。

尽管隶书在今天为人们所熟悉，但它其实是一种非常古老的字体。早在秦朝时，在官方字体小篆之外，隶书就被同步用来作为通行文字了。隶书是在篆书基础上简化而成的字体，比起篆书来，它的笔画更加简单，写起字来更快、更方便，因此一般用于日常书写。

民间有种传说,认为隶书是秦朝书法家程邈创造的。程邈有一次因罪被秦始皇打入牢狱,他在牢中依然研究和练习书法。程邈发现,小篆虽然看起来很美,但写起来像画画一样,讲究很多,尤其是它的笔画呈圆弧形,一笔一笔写起来既慢又费力,非常影响工作效率。于是,他冥思苦想,做了很多改良字体的试验后,尝试把笔画从圆弧变为平直的方折,同时缩短笔画长度,这样写起来果然便利顺手多了,也更加容易辨认。相传,这项发明让秦始皇龙颜大悦,不仅赦免了程邈的罪,还让这种便捷的新字体在政府文书工作中得

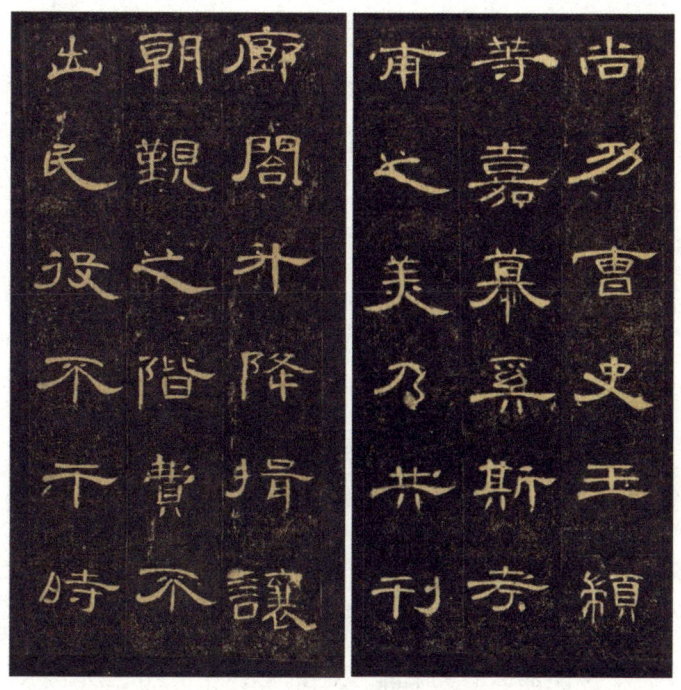

到了推广。因为是在监狱中创造的,之后又多为官吏所用,所以叫作"隶书"。不过传说归传说,一种字体的发明必然不是一人一时之功,根据现代考古发现,早在战国时就出现了初具雏形的隶书,只是这一阶段刚刚从篆书脱胎而来,依然带有一些字体转换的过渡痕迹。

也有人认为,"隶"是"隶属"的意思,"隶书"意为辅助官方字体小篆进行书写的文字。然而,虽然是"隶属",隶书在历史上作为通行字体真正使用的时间却比小篆长,从秦朝一直用到了汉朝,并在汉朝渐渐成为主要的、独立的字体,被称为"汉隶",成为这一时代最具光彩的书法艺术。在汉朝书法家手里,隶书被发扬光大,涌现出了许多优秀的书法作品，代表作有《曹全碑》《张迁碑》《乙瑛碑》等，虽然是碑刻，但至今依然可见其或秀逸或朴拙的风姿。

和篆体相比，隶书的笔画有了明显的粗细变化，能够看出书家用笔的轻重力度、干湿法度，加之横长竖短，令字形看起来敦实方正。除了变圆弧为方折外，隶书的横画也很有特点：起笔处圆滑饱满，像一只蚕的头，而收笔处又飘逸有致，像一只大雁的尾巴，因此叫作"蚕头燕尾"，有很高的辨识度和特别的美感。因而时至今日，隶书依然深受书法家的喜爱，屡屡被演绎为书法作品，接续着汉隶的风骨。

总体说来，比起形态繁复的篆体，隶书已经非常类似于我们现在所见的汉字字形了。如果说大篆和小篆从上古文字中演化而来，还保留有一些甲骨文、金文等象形文字的特点，隶书的字形就进一步地远离了"象形"，使我们不再能那么容易就能从字的形体中看出它所表示的意思来。可以说，隶书作为文字，进一步脱去了"图画"的写意痕迹，变得更像纯粹的象征性的"符号"了。因此在书法史上，隶书的出现，被视为汉字形态发展的一次大飞跃，它也为后来的楷书、行书、草书打下了基础。

第三章 手中汉语 SHOUZHONGHANYU

作为"楷模"的楷书

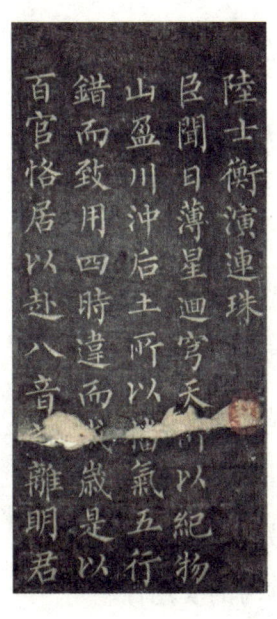

我们从开始学习写字时,就会被教导学会写"楷体字",每个字都要写得一笔一画,横是横、竖是竖,看起来清清楚楚、规规矩矩、方方正正,自己容易写,别人也容易认。在生活中,很多地方也常常能看到印刷体楷体字的身影,比如书报文章的标题、请柬文字等,寥寥几行,却能为正文增添几分灵动之美。

楷书相传是三国时期魏国的书法家钟繇创造的,他也被称为"楷书鼻祖"。不过,正如从篆书到隶书的演变,隶书到楷书也是一个逐渐变化的历史过程,从字体开始产生变化到最终成熟,中间凝结着很多人的心血和智慧。通过一代一代书写者的努力,汉字才终于固定为我们现在手写出来的、在纸上看到的样子。可以看到,比起横画长竖画短的"宽扁"的隶书,楷书的横画变短、竖画变长,好像显得每个字都"挺立"了起来,更加坚实有力、端方挺拔。隶书里装饰性很强的"蚕头燕尾"也被简化了,代之以干脆利落的横画,且稍稍上提,写起来更加方便,也更符合右手写字的自然习惯。篆书、隶书、楷书,沿着这一路径发展而来的书法字体,在美观的考虑之外,也越来越顾及书写的实用性,可以说,对方便、高效地写字的追求,也是推进汉字字体演化的重要原因。

魏晋南北朝时期,楷书的书法名作就已经开始涌现了,被称为"书圣"的王羲之及其子王献之都是个中好手。延续着这一传统,楷书在唐朝迎来了树立典范的黄金时代。若说楷书是字体中的楷模,那么唐楷堪称楷书中的楷模。从初唐三大家欧阳询、虞世南、褚遂良,到被合称为"颜筋柳骨"的颜真卿、柳公权,楷书名家辈出,各有所长。欧阳询的"欧体"平正中见险峻,颜真卿的"颜体"圆厚中见雄浑,柳公权的"柳体"瘦硬中见遒劲,加上元代赵孟頫严整中见圆熟的"赵体",构成了我国的"四大楷书",是历代学习楷书的至高模范。

以下分别是颜真卿的《颜勤礼碑》的局部和柳公权的《玄秘塔碑》的局部,不难发现二者虽同为楷体,但书法家们各自发扬风格之后,赋予了它们不同的样貌。颜体看起来好像"胖"一点,却沉着雄浑,像颜真卿生活的盛唐那般雍容大气；柳体看起来相对"瘦"一点，但爽利清秀，像柳公权本人一样有风骨。

正因为是"模范"，一般来说，学习书法都是从楷书起步，尤其是从临摹"四大家"的字帖开始的，这样才能为之后的进步打下坚实的基础。关于楷书的书写，欧阳询曾总结出"八诀"，大概要义是："丶"（点）要写得像高峰坠落的石头一样，"乛"（横勾）要写得像天边挂的新月一样，"一"（横）要写得像一片长云一样，"丨"（竖）要写得像一根万年枯藤一样，"亅"（竖勾）要写得像倒挂在石崖上的松树一样，"卩"（折）要写得像一把拉开的弓箭一样，"丿"（撇）要写得像犀牛、大象的牙一样，"乀"（捺）要写得一波三折（意思是写捺时毛笔中途要停顿两下，分三次写完）。大家可以试试看，按照这些法则的指导，能否写出漂亮的楷体字？

第三章 手中汉语

行云流水的行书

上面这幅作品,是东晋书法家王羲之的《兰亭集序》,写的是他和朋友在浙江会稽山兰亭游玩时的情景,既有"茂林修竹""流觞曲水"的美景美事,又流露出他对宇宙人生的观照和思考,富含哲理,韵味悠长,历来被颂为名篇。它除了具有文学之美,更有书法之美,是公认的"天下第一行书"。

我们学习书法时,一般都是先学好楷书,再学行书、草书,因此很多人误以为它们在历史上出现的时间也是按照这个次序,或者行书、草书是楷书的高级形式。实际上,行书和楷书差不多在汉朝末年就同时出现了,而草书甚至出现得更早。这三种字体都是从隶书脱胎演化过来的，但行书和草书不同于楷书的方方正正、一笔一画，而是一种"连笔"的字，写起来速度更快，看起来也更潇洒飘逸，有一种篆书、隶书、楷书等都不具备的自在美感。

行书的"行"，可以理解为"行走"，"行书"就好像是"笔画行走的字"，就像《兰亭集序》一样，笔触在纸上轻快流动，笔画和笔画之间有联结，每个字和每个字之间也有呼应，左右挥洒，上下贯穿，如同行云流水一般。它的出现，在美观之外，也弥补了楷书书写速度慢的不足，可以说兼具了实用性与艺术性。

行书在诞生之初，就出现了王羲之这样冠绝古今的"书圣"和《兰亭集序》这样美不胜收的杰作，绽放出最惊艳的光辉，真是令人叹为观止。与王羲之同一时代的人们，赞美他的字是"翩若惊鸿，矫若游龙"，也就是说他的字像鸿雁一样优美飘逸，像游龙一样矫健有力，这是十分确切而形象的评价。人们非常喜爱他的字，争相珍藏。据传有个道士很想让王羲之帮自己抄一部经，却不知如何开口，后来打听到王羲之喜爱白鹅，便精心养了一群美丽的鹅来换取他的字。

《兰亭集序》相传是王羲之喝醉后写就的，后来他酒醒后重写，却怎么也写不出当时的水平了。可惜的是，这幅作品的真迹现在已经看不到了。传说唐朝时，唐太宗也很喜欢王羲之的书法，死后便把它带入了陵墓。后人对前人往往加以神化，其实，古人的书法本身并不是只为了展示的艺术，而是和他们的生活息息相关，记载着生活和感情的点滴。如王羲之还有一幅《奉橘帖》，"奉橘三百枚，霜未降，未可多得"，

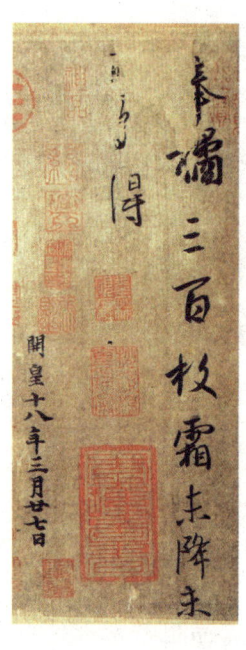

寥寥12个字,是他赠送新橘给友人时的便条,既写得飘逸舒朗有致,又充满生活趣味和人间情感,倍显珍贵。

"楷书四大家"里的颜真卿也是一位行书好手,他的《祭侄文稿》被称为"天下第二行书"。宋代的大诗人苏轼也擅长书法,他的《黄州寒食诗帖》被称为"天下第三行书"。和《兰亭集序》一样,这两幅作品也都浸润了作者的感情,或悲戚亲人去世,或感叹苍凉身世,情深意切,文墨俱佳,因而能够光照千古。

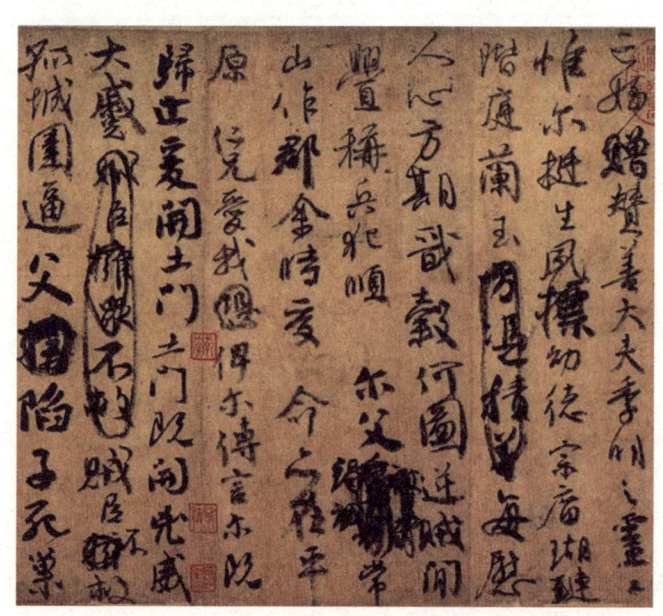

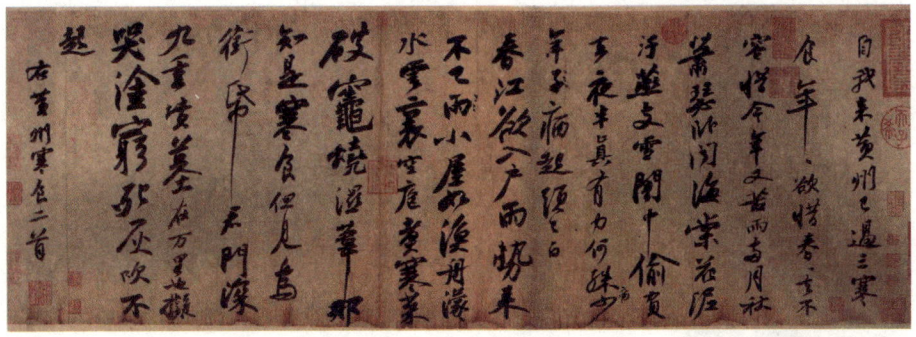

　　行书的出现有重要的意义：首先，它大大加快了书写速度，提高了人们的书写效率；其次，它的千变万化，在每个人手里都有很大的发挥空间，不同的书法家们写出了自己的风格，成就了姿态万千、光辉灿烂的书法艺术。直到今天，在硬笔书写中，行书依然是最为通行的书写方式之一，和楷书并行。在普通人家里，装裱好的行书作品也常常被挂在墙上，构成一种清雅的装饰，映得居室生辉。

第三章 手中汉语 SHOUZHONGHANYU

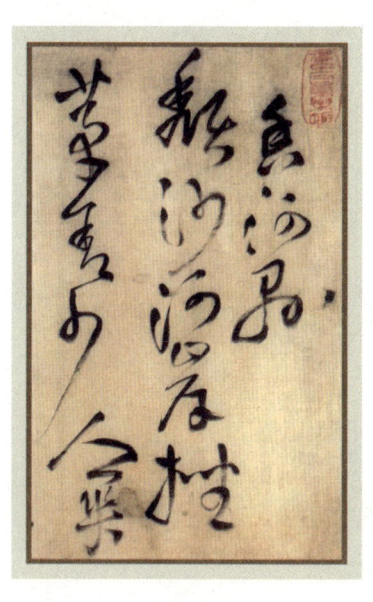

龙蛇飞动的草书

当我们阅读古书、游览古迹，或者去台湾、日本等地旅游时，经常会有繁体字映入眼帘。这是古代人使用的汉字，许多字看起来比现在的汉字笔画繁多、结构复杂。中华人民共和国成立以后，为了让更多的人认字、学文化，国家相关部门对汉字进行了一系列简化，这就是我们现在所看到的"简体字"了。简体字和繁体字有时看起来差别不小，但并不是毫无关联，而是有某种内在的联系和规律。比如，大量简体字就是从繁体字的草书写法中来的。例如"书"字，就源于"書"的草书写法，在不少古代书法作品的落款处都可以见到它。

中山經

條谷之山其草多芍藥
句檷之山其草多芍藥
洞庭之山其草多芍藥

毛詩陸疏廣要

鄭風溱洧
贈之以芍藥

芍藥今藥草芍藥草無香氣非是也司馬相如賦云
芍藥之和揚雄賦曰廿甜之和芍藥之美七十食
之

廣雅云孿夷芍藥也本草云一名白木一名餘容
一名犁食一名解倉一名鋋生中岳川谷及丘陵
圖經云春生紅芽作叢上三枝五葉似牡丹而
狹長高一二尺夏開花有紅白紫數種子似牡丹
而小秋時採根亦有赤白二色古今註曰芍藥
有二種有草芍藥木芍藥木花大而色深俗呼
為牡丹非也故今人謂牡丹為花王芍藥為花
何答曰芍藥一名可離故將別相贈以芍藥
無文無曰芍藥一名當歸也欲諷人之要則贈以
棘一名忘憂使人忘憂也山海經隴谷之草多
棠青家一名合歡也仲春華於
芍藥洞庭之上多芍藥華於仲春華於
孟夏傳曰鷙鷙之節後二十有五日芍藥榮於
花有羊二葉者俗呼小牡丹今輦芳中牡丹品
一芍藥第二故世謂牡丹為花王芍藥花相次
或以為花王之副也爾雅翼芍藥之盛者當春
暮彼除之時故鄭之士女取以相贈其根以扣五

"草书"，顾名思义，看起来非常"潦草"，是一种草创的书体。和行云流水的行书相比，它的笔画更加连绵，字的结构更加简化，写起来满纸龙蛇飞舞，尤其难以辨认。最"潦草"的"草书"，还被冠以"狂草"之名。

草书出现很早，可以追溯到汉代初年，这和人们的现实需求有关。为了达到简便而快速书写的目的，人们有时会在书写时减少隶书字的笔画，并将笔画相连，存其大概形体，不论细节。后来，随着同样好写且更加易于辨认的楷书、行书的出现和流行，草书渐渐弱化和脱离了实用性，真正成为一种纯粹的艺术创作，最大限度地释放出书法作为一门艺术的创造性和能量。

草书虽然"草"，但并不是不讲章法、随心所欲地胡写乱画，而同样是要以"美"为准则，暗含法度，具备很强的欣赏性，看似容易，实则很难把握。好的草书作品中的字，仿佛能够从字形中脱离出来，变成一幅幅画,并且融入了一种特殊的绘画美和音乐美,令人赏心悦目,逸兴遄飞。

汉末的书法家张芝、崔瑗,以及东晋时的王羲之和他的儿子王献之,都是草书名家。而草书的极端之作"狂草"出现于唐朝,以两位"草圣"张旭、怀素为代表,他们的笔势恣肆奔放、豪迈连绵,一如唐朝的开阔气度。

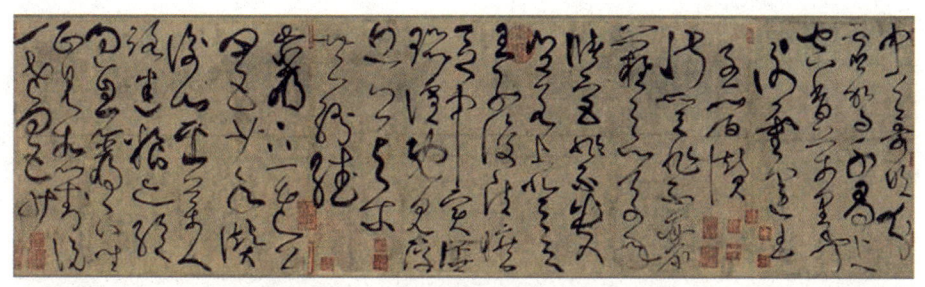

第一位"草圣"张旭是位很有个性的"狂人",他性格洒脱,喜欢喝酒,经常喝得酩酊大醉,醉后落笔成书,一挥而就,留下一纸狂放不羁的字,痛快淋漓,倾泻而下。有时,他甚至会用头发蘸着墨来书写。唐代大诗人杜甫曾在一首《饮中八仙歌》中写到了八个最有名的"酒仙",其中就有张旭,他夸赞道:"张旭三杯草圣传,脱帽露顶王公前,挥毫落纸如云烟。"张旭的书法代表作有《古诗四帖》《心经》《肚痛帖》等。张旭草书和李白诗歌、裴旻剑舞一并被封为"唐代三绝"。

后一位"草圣"怀素是个僧人,同样性格疏狂。他虽然是出家人,却极好饮酒,相传曾"一日九醉",和张旭有"张颠素狂""颠张醉素"的并称。狂人写狂草,由此可见古人说的"字如其人"确有其事,一个人的书法风格的确和其性格禀赋有一定的关系。怀素的草书很有风格，笔法瘦细苍劲，如疾风骤雨般随手万变，又不离魏晋的法度。李白有一首《草书歌行》写的就是怀素，并用各种修辞手法来形容他龙奔蛇走的书法："少年上人号怀素，草书天下称独步。墨池飞出北溟鱼，笔锋杀尽中山兔。"他还夸赞怀素"不师古"，也就是说不拘泥于古人的规矩，有自己的书法创见。怀素的草书代表作有《自叙帖》《小草千字文》《食鱼帖》等。

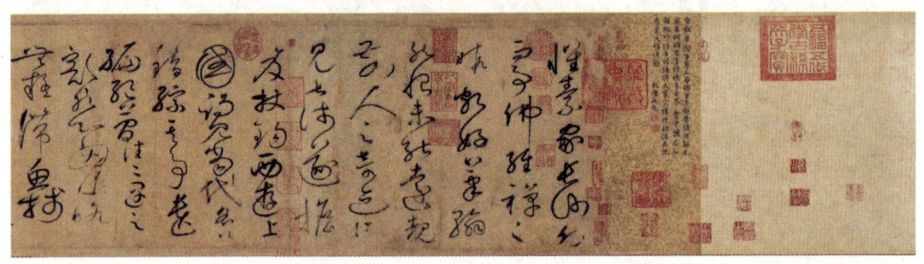

两位"草圣"的作品是我国草书艺术的两座高峰，从他们的畅快笔意里，后人们能体会到在我们的民族性格中，既有隽秀飘逸的一面，也有雄浑奔放的一面。

与时俱进的"新字体"

我们如今读书看报时,目光所及之处,最多见的就是"宋体字"了。宋体字是现在最为通行的书面印刷字体,它从形体上完全做到了横平竖直、四四方方,符合我们对于"方块字"的标准定义,在纸面上排版出来,一列列、一行行,像队列方阵般规规矩矩。乍一看,它似乎太过规整、毫无特色,但这也正是其优点所在:就算一口气读许多文字,也不会因笔画旁逸斜出而觉得眼前花乱,可以说是一种十分适合阅读的字体。

"宋体字"虽冠以"宋"之名,却并不是宋朝的产品,而是在明朝兴起并成形的。如今,

吉祥如意

台湾、日本等处将其叫作"明体字"。宋体字的出现,和古代印刷术的发展有着密切的关系。印刷术是我国造福世界的一项重要发明,不过,从唐代出现雕版印刷到宋代发明活字印刷后,很长时间里人们都还一直延续着手抄本的字体传统,也就是多用楷体字印刷。能工巧匠们模仿颜体、柳体、欧体等大家字体,将手写体的文字刊刻成字模、印刷成书籍,字迹精美,赏心悦目。

随着印刷规模增大,为了方便快捷、提高效率,南宋及元朝时,印刷字体渐渐有了某些统一的范式。到了明朝时,在楷体字的基础上,终于形成了我们现在所说的"宋体字"。仔细看宋体字,横画呈水平,并且在末端形成一个小小的三角形,一来符合木纹的条理,二来也是为了刻字时收笔简便——毕竟刻刀运用起来不如毛笔灵活,只能借此追求楷书收笔的形意了。可以说,宋体字是为印刷生就的字体,逐渐通行开来并越来越规范,一跃成为最常用的印刷字体,直至今天。在宋体基础上,又有常常作为正文批注的仿宋等变异字体。可以看到,印刷字体从手写字体中来,又渐渐脱离了手写字体,形成了一条独立的脉络。

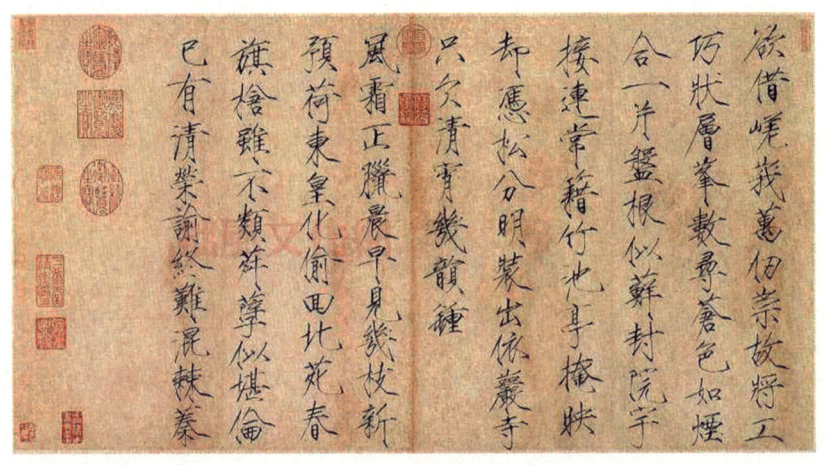

除了正统的篆、隶、楷、行、草和印刷字体外,历史上还出现过一些别致的独创字体,其中最有名的当属宋徽宗赵佶创造的"瘦金体"了。瘦金体字如其名,笔画非常瘦细、瘦硬,锋芒毕露,是赵佶采众家之长的发明,却又自成一格。这从另一个侧面上,也证明了汉字字体内在孕育着丰富的可塑性,书法家的风格和笔下的字体能够相辅相成、水乳交融。

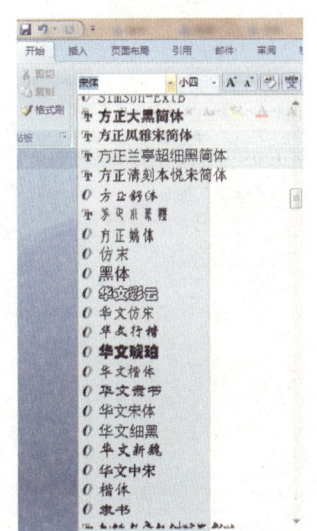

现在,随着西方字体的传入和电脑设计技术的发展,在字体设计师的创造下,汉字字体变得更加丰富多彩了,除了黑体、新魏、圆体等电脑里常见的类别,还有名目繁多、形态造型更加优美的各种艺术字体,对多样化的美术设计做出了不小的"贡献"。当人们走在街上,跃入眼帘的是各式各样的海报、招牌、商标,上面各自闪烁着不同的字体,将城市装点得五

光十色。

  时代在变，技术在变，就连字体的"霸主"地位，也在新的潮流下悄然发生着更易。宋体字当年受到青睐，正是因为印刷文明的崛起，如今进入信息时代后，形态更加简洁的黑体字成为手机等电子屏上的"新宠"，以适应人们电子阅读的需要。然而字体的丰富和变化，并不意味着传统文化的远去，而是更彰显了传统文化对现代社会的影响和渗透——曾一度被外国人预言无法输入电脑、在信息时代必将遭到抛弃的古老汉字，始终以强大的生命力和创造力，证明了自己能够适应任何时代，并且历久弥新，焕发出新的光彩。

第四章 耳中汉语

- 四声之变
- 押韵之美
- 韵书初识
- 古人的「注音」法
- 平仄之奇
- 诗律初探

四声之变

外国人学汉语时,常常会遇到许多困难。除了汉字难写、难认、难记之外,让他们最头疼、最难以捉摸的大概就是发音了——汉语为什么会有不同的"声调",还区分得那么严格?的确,英语、法语、德语等许多西方语言都没有明确的声调,最多在音标中标示出重音。一个初学英语的人可能会因为掌握不好重音位置而发音不标准,甚至听起来有些怪异,但并不会过于影响交流,也不会轻易和别的词混淆意思。而汉语普通话却不一样,有阴平、阳平、上声、去声(也就是我们俗称的一声、二声、三声、四声)四个声调,除了多音字以外,大多数汉字都只能发一个声调,且必须严格遵循,否则就会变成另外一个意思。譬如"妈""麻""马""骂",在外国人耳朵里仿佛都是 ma,但在中国指的却是完全不同的含义,若不把声调说准确,"找妈"就成了"找马",甚至"找骂"。

我国语言学大师赵元任就曾巧妙运用"四声",用同一个音写出了一篇妙趣横生的文章《石室诗士食狮史》,全文共110字:

石室诗士施氏,嗜狮,誓食十狮。施氏时时适市视狮。十时,适十狮市。是时,适施氏适市。施氏视十狮,恃矢势,使是十狮逝世。氏拾是十狮尸,适石室。石室湿,施氏使侍拭石室。石室拭,施氏始试食十狮尸。食时,始识十狮实十石狮尸。试释是事。

这篇文章,每个字的读音都是 shi,却足以有头有尾地讲述一个住在石室里的姓施的诗人吃十头石狮的滑稽故事。通篇同音,这对于没有声调概念的外国人来说简直是不可思议的,但汉语却能够办到,就是因为不同声调拥有不同的意思,甚至同一个声调下也有丰富的同音字,延展了意义的表达空间。

《石室诗士食狮史》一文是个类似于游戏的极端例子,但"四声"的存在,却着实为我们耳中听到的汉语平添了一份铿锵鲜明之感。小时候我们学汉语拼音时,老师教过一个记忆声调的口诀:"一声平,二声扬,三声拐弯四声降。"说的就是四声的听觉特点,声调高高低低起起伏伏之间,既富有变化,又暗藏规律,使得整体字正腔圆,铿然动听。

不过,严格说来,阴平、阳平、上声、去声都还只是标准普通话的声调。在南方,很多方言的声调情况更加复杂,有的有五个声调,比如南京话;有的有六个声调,比如广东梅县话;有的有七个声调,比如苏州话;还有的更多……人们或许会问了,南方方言这些"多出来"的声调是从哪儿来的呢?为什么南方方言的声调比北方的多呢?其实,这和汉语音韵的演化变迁历史有关,并不是南方方言的声调"多出来",而是北方方言简化了。

古代汉语也分为四个声调,不过不是阴平、阳平、上声、去声,而是平声、上声、去声、入声。对于"入声",生长在北方的同学可能比较陌生,简单说来就是在韵母最后加了一个塞音,一般是 p、t 和 k,读起来非常短促,如"灭"就是个古入声字,读似 /miet/。所谓"平声者哀而妄,上声者厉而举,去声者清而远,入声者直而促",平、上、去、入四声结合在一起,清远直促相交替,赋予了古汉语抑扬顿挫、富于变化的声音美感。

在北方,入声在经过一系列变化后并入了平声、上声和去声,而普通话是在北方方言的基础上形成的,因而在现在的普通话中也没有入声了。但在广东话、闽南话、客家话等不少南方方言里还存在着入声,并且因演化程度的不同,各地的具体声调也不尽相同。这种南北语音"不均衡"发展现象的一个原因是，宋元以后汉人多生活在南方，受北方民族语言影响较少，因此古音也就能够较多地遗留下来。它们如同一枚枚活化石，不仅向今天的语言学家，也向普通人默默揭示出汉语语音变迁的轨迹，提醒我们去珍视方言。

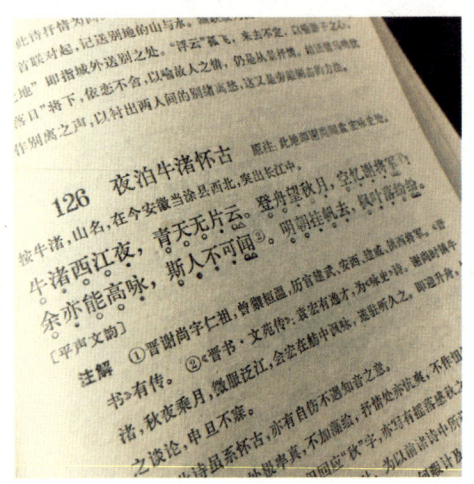

押韵之美

每个中国人学得最早,也最熟悉、最能脱口而出的诗歌,大概非唐代诗人李白的《静夜思》莫属:

床前明月光,
疑是地上霜。
举头望明月,
低头思故乡。

这首小诗只有短短四句二十个字,读起来却朗朗上口,蕴含着一种悠长怅惘的怀乡余韵,除了诗人真切的思想感情之外,另一个很重要的原因,大概就是音律的和谐圆融:第一、二、四句的末字光、霜、乡，拼音分别是 guāng、shuāng、xiāng，不难发现，它们都有着相同的韵母 ang。ang 是一个深邃悠远的鼻音，能够赋予整首诗一种均齐又延宕的音乐感。就像这样，在句子最后一个字上使用韵母相同或相近的字，叫作"押韵"，而末尾用来押韵的字，就叫作"韵脚"。

和谐、均齐的韵律，是古代诗歌写作的惯例，也是中国向来遵循的诗歌美学传统。因为它，无声的文学也具有了音乐的节奏，诵读起来令朗读者和聆听者都享受其中，长韵悠远，短韵轻快，符合诗人所表达的情感，美不胜收。就像我们小时候，哪怕还不识几个字，也能在大人的遍遍诵读中耳熟能详，熟背一首《静夜思》，这大概就和美的音律分不开关系。

不过有时候，有些古诗我们现在读起来好像并不押韵，这并不是古人搞错了或诗人写诗破坏了规矩，而是由于语音的变化造成的，若是按照古时的音来读，其实是押韵的。譬如唐代杜牧的《山行》：

远上寒山石径斜，
白云生处有人家。
停车坐爱枫林晚，
霜叶红于二月花。

诗中第一句末字"斜"，现在读来和"家""花"的韵似乎差得有点远，但若按照唐代古音来读，它的发音其实类似于"zia"，这样一来就押韵了。但现代汉语普通话中已经没有这个音了，很多人为了押韵之美，朗读时会读作类似的音"xiá"，也是一种折中的办法。类似的还有刘禹锡的"朱雀桥边野草花，乌衣巷口夕阳斜"、龚自珍的"浩荡离愁白日斜，吟鞭东指即天涯"等。

从"四声"的变迁中，我们知道，古代汉语有入声字，而在现代汉语中消失了，随同消失的还有入声韵，这也影响了古今音韵的差别。比如宋代苏东坡名作《念奴娇·赤壁怀古》的最后几句：

遥想公瑾当年，小乔初嫁了，雄姿英发。羽扇纶巾，谈笑间，樯橹灰飞烟灭。故国神游，多情应笑我，早生华发。人生如梦，一尊还酹江月。

我们现在读起来，好像只有第二句的韵脚"灭"和最后一句的韵脚"月"听起来是押韵的，但若放在苏东坡那个时代去读，这四句其实全部是押韵的，因为在古音中，"发""灭""月"都是入声字，韵尾都有个短促的 /t/，只不过后来脱落、变化了，导致这几个字的读音读起来大相径庭。

到了今天，尽管旧体诗写作不再是主流，但押韵在现代诗歌、歌词创作中依然是非常常用的手法，它不仅能让各种新的艺术形式听起来富有美感，也能够加深人们的印象，使人沉浸于某种特殊的情感氛围中。比如传唱两岸的著名台湾民谣《外婆的澎湖湾》，"晚风轻抚澎湖湾，白浪逐沙滩 / 没有椰林缀斜阳，只是一片海蓝蓝 / 坐在门前的矮墙上，一遍遍怀想 / 也是黄昏的沙滩上，有着脚印两对半"，这一句句以 an 音押韵的歌词，节奏无比轻快和谐，令人仿佛也置身于那南国沙滩阳光中。

韵书初识

清代文学巨著《红楼梦》中曾写到一个情节，大观园里的青年男女要结诗社，第一次的题目是咏白海棠。而作诗前要"限韵"，就是规定用什么韵来作诗。他们让一个小丫头随口说个字，小丫头正倚门而立，便说了个"门"。这时二姑娘迎春笑道："就是'门'字韵，'十三元'了。"若不了解押韵知识的话，就会对迎春的这句话摸不着头脑。其实，这里说的"十三元"，是古代韵书《平水韵》中的分法，即平声的第十三个韵部"元"。"门"字属于"十三元"，选定了这个韵部后，姑娘们便继续从同属于"十三元"的字中选出了"盆""魂""痕""昏"四个字,作为接下来所要作的诗的韵脚。

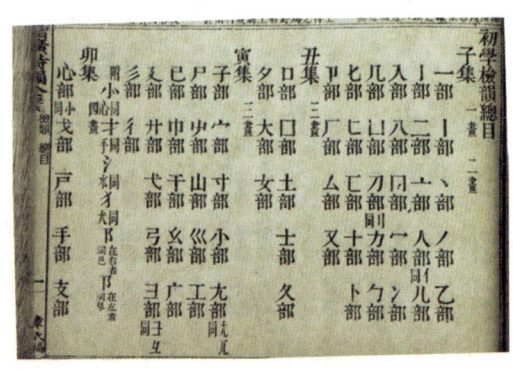

我们从小学汉语拼音,知道拼音有声母、韵母之别,其实古人也很早就发现了韵的存在,他们还总结规律,写成了专门的著作,这就是"韵书"。在韵书中,同韵的字被放在一起,便是一个"韵部"。每个时代的语音都有所变迁,相应的韵书也有所变化。翻看不同时代的韵书,能够了解到这一时期的古人写诗时是怎么押韵的,在自己读古诗时,也就能更好地体会其中的音律之美了。

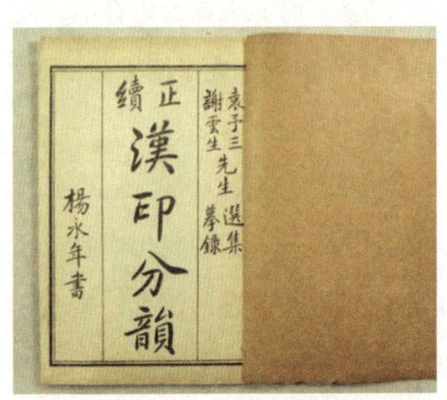

现存最早的完整韵书是成书于北宋的《广韵》,它的编纂就是为了帮助人们创作诗文。它沿袭的语音系统,来自隋代的《切韵》和唐代的《唐韵》,但这两部韵书现在都仅存残卷。《广韵》是一部非常权威的官方修纂的著作,书中共分为206韵部。当时押韵比我们现在一般说的押韵要严格,不仅韵母要一样,声调也要一样,比如上面提到的《静夜思》和《山行》,押的便都是平声韵。因此书中这206韵,也是按照平声、上声、去声、入声四个部分来编排的。

随着语言的发展变化,《广韵》的206韵显得太过于烦琐,韵部分得太细,已经不符合当时语言的现实使用了。到了和南宋对峙的金代,出现了一部新的重要韵书《壬子新刊礼部韵略》,由于它的编著者刘渊是江北平水(今山西临汾)人,后人就把这部韵书称作《平水韵》。《平水韵》索性把《广韵》中人们已经辨别不出来的、能够通用的韵合并了起来,缩减为106韵。后来,从宋朝到清朝,人们写诗时,都是按照"平水韵"来押韵的,上面说到的《红楼梦》就是这样。

到了元代,语言进一步解放和发展,出现了又一部重要韵书——由周德清编著的《中原音韵》。《中原音韵》依照元朝都城大都(即今天北京)的实际语音系统,进行了进一步的分合归并,只剩下19个韵部。此外,还有两个重要变化:一是由于元曲的盛行,押韵不再严格要求声调也要一致,只要韵母相同或相近即可;二是当时元大都的语音中,入声已经消失,归入了平声、上声、去声中,而平声则分成了阴平和阳平。这就和我们今天普通话的语音与押韵方式非常相近了。

从《切韵》《广韵》到《平水韵》《中原音韵》,从平、上、去、入到阴、阳、上、去,我们可以看到,语言是处于不断的变化中的。然而,无论怎样变化,汉语始终是一种非常注重韵律美感的语言,那一份唇齿间的铿锵鲜明、字正腔圆,是中国人馈赠给自己耳朵的礼物。

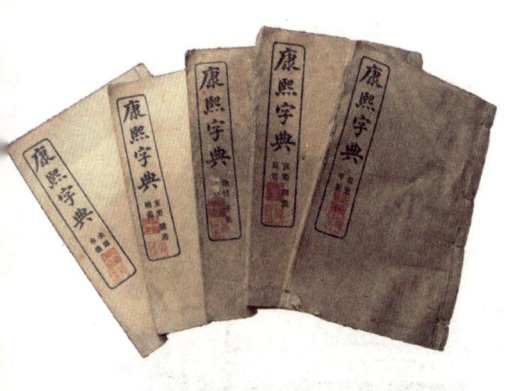

古人的"注音"法

很小的时候,我们就会查字典了。当我们遇到不认识的字,只要从字典里检索出它,见到拼音,就知道怎么读了。不过,汉语拼音是新中国成立后才从西方拉丁字母借鉴来的方案,而古人不识拉丁字母,遇到不认识的字该怎么办呢?

古人当然也有自己的办法。最简单的一种就是直音法,也就是直接用另一个同音的汉字来注音,写作"某字,读若某"或"音某"。譬如"拾,音十",就是说"拾"的发音和"十"是一样的。不过,这种方法有很大的局限性,如果一个字是"光杆司令",没有同音字,就很难办。甚至有时还得用更生僻的同音字来做注音,就本末倒置了。

在这种情况下,古人发明了"反切法"。"反切"大概兴起于汉末,有些像古代的拼音,只不过不是用拉丁字母来拼写,而是用两个字来"拼"出第三个字的音,非常有系统性和可操作性。具体来说,就是用上一个字的声母加下一个字的韵母和声调来"拼"。譬如"条,徒聊反",就是用"徒"的声母(t)加"聊"的韵母(iao)及阳平声调来拼,于是得到"条"(tiáo)的音。虽不及现在的拼音这般好用,但对于古人来说,这已经是相对比较准确和便捷的方法了。

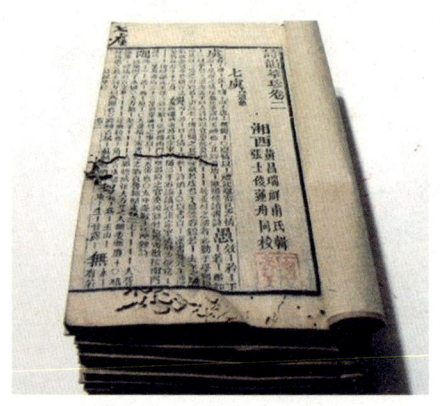

不过,按照古人给出的反切"公式",我们有时并不能拼出正确的读音来,这同样不是因为古人弄错了,而是因为语言后来发生了变化,同一个字在现代汉语中的音和古代不一样了。比如"鸡,古奚切",反切出来念"gī",和现在"鸡"的发音jī不符,而且现在普通话里

表1.1-1　汉语拼音字母

大写	小写	名称	读音	大写	小写	名称	读音	大写	小写	名称	读音
A	a	阿	阿	J	j	街	基	S	s	诶思	思
B	b	玻诶	玻诶	K	k	科诶	科	T	t	特诶	特
C	c	雌诶	雌诶	L	l	诶勒	勒	U	u	乌	乌
D	d	得诶	得	M	m	诶摸	摸	V	v	物诶	维
E	e	鹅	鹅	N	n	讷诶	讷	W	w	娃	屋
F	f	诶佛	佛	O	o	喔	喔	X	x	希	希
G	g	诶哥	哥	P	p	坡诶	坡	Y	y	呀	衣
H	h	哈	喝	Q	q	邱	欺	Z	z	资诶	资
I	i	衣	衣	R	r	阿儿	日				

也没有这样的音。这是因为，原先汉语声母中并没有 j、q、x 这样的音，而现代汉语声母的 j、q、x，一部分其实是后来从 g、k、h 中分化来的。这时运用反切法拼读，就需要我们去了解更多的相关知识，否则用现代语音直接去念的话，就会犯错误。

从"反切"中，古人还引申出了"双声"和"叠韵"。"双声""叠韵"的概念听起来似乎有点陌生，但其实我们在很多地方，尤其是古诗文中都见过这样的词语表达形式，比如下面这些：

流离、琳琅、蒹葭、参差、珍珠、芳菲、璀璨
崔嵬、翠微、苍茫、逍遥、窈窕、缥缈、烂漫

这些词有什么特点呢？若是从字面上不容易看出来，不妨念念看——是否会觉出一种特殊而整齐的音韵美感？不难发现，上面第一行每个词语中的两个字都有着同样的声母，这就是"双声"；而第二行每个词语中的两个字都有着相同的韵母，这便是"叠韵"了。古人也发现了这一点，在《广韵》背后就附有一个"双声叠韵法"，不过他们那时还没有"声母""韵母"的说法，"双声"在他们看来，就是一个词中两个字的反切上字相同，"叠韵"呢，就是一个词中两个字的反切下字相同了。

双声叠韵的词，读起来有种十足的音乐美，仿佛语词被精心裁剪了一番，在舌尖灵巧地跳跃，因此它们大量存在于汉语中，深受古代诗人的喜爱。比如《诗经》的第一篇《关雎》，它可以说是中国最早的爱情

诗了，里面就有不少双声叠韵的例子：

> 关关雎鸠，在河之洲。
> 窈窕淑女，君子好逑。
> 参差荇菜，左右流之。
> 窈窕淑女，寤寐求之。

这里面，关关、雎鸠、之洲、窈窕、参差等都是双声叠韵词，它们相互组合又两两整齐地对仗，为诗歌中清新灵动的爱情增色，听来仿佛一曲充满青春气息的明快歌谣在耳畔吟唱。画面之美，音律之美，合而为一。

第四章 耳中汉语 ERZHONGHANYU

平仄之奇

过年贴对联时，人们往往会先仔细辨别哪边是上联，哪边是下联，然后再将它们各自贴到门两旁相应的位置上。这看起来虽不是什么大事，但若一个不小心，将上下联贴颠倒了，难免会闹笑话。人们辨别上下联，很多时候是靠对内容的判断，不过若是掌握一个小窍门的话，准保能获得一双"火眼金睛"，第一时间准确判断出来。这个窍门就是，在一副严整、合格的对联中，上联结尾必须是仄声字，下联结尾必须是平声字。

"平仄"听起来不那么熟悉，但也不是完全陌生。我们知道，作对联时会要求"平仄相对"。我们偶尔也会听人评价一副对联说："对得倒还算不错,就是平仄不是很工整。"那么,平仄平仄,到底是什么意思呢?

从字面意思上来看,"平"是平直,"仄"是曲折。我们已经知道,古代汉语分为平、上、去、入四个声调,除了"平声"之外,后三种声调都有高低长短的变化,或由高到低,或由低到高,或由高到低再到

高,或猛烈,或急促,均比较"曲折",因而它们被统称为"仄声"。不过后来入声消失,归入平声、上声、去声中,而平声又分为阴平和阳平,现代汉语普通话就剩下了阴平(一声)、阳平(二声)、上声(三声)、去声(四声)四个声调,这难免给我们今天判断平仄带来了一些困难。

对于现今日常的使用,我们可以采用一个粗略而简单的办法来辨别:大多数情况下,一声和二声是平声字,三声和四声是仄声字。但也应该了解到,由于语音变化,这个办法并不时时都是准确的,比如八、白、发、达等一些字,现在用普通话读作阴平或阳平,一眼望去似乎应是平声字,但其实它们是由古代的入声字转过来、"潜伏"在平声字中的,原先也应当是仄声字。

古代平仄的概念离我们今天好像很远，但其实它在日常生活中也时常能小小地露一手，上面说到的用平仄来判断上下联就是一例。譬如下面这两副常见的春联：

又是一年芳草绿，依然十里杏花红。
向阳门第春常在，积善人家庆有余。

前一副中，上联的"芳草绿"（平仄仄）对下联的"杏花红"（仄平平），后一副中，上联的"春常在"（平平仄）对下联的"庆有余"（仄仄平），均以平声结尾，一目了然，又呈吉庆昂扬之势。掌握了这个小技巧，人们再也不用担心会把对联贴反了。而对于那些经常吟诗作对的文士来说，平仄更是必须掌握的技法。

当然，比起这些细小之处的闪现，平仄更重要的作用乃是，它为诗文增添了一种曲折的韵律感。无论是说话还是吟诗，一直用一个音调是十分单调的，只有平平仄仄相互交映，才能获得抑扬顿挫、铿锵有力的听觉感受。如果以地形作比喻的话，仄声如攀登山岭，崎岖险峻；平声则如漫步平原，舒缓从容。平中见险，险后复平，形成了汉语独特的节奏。

古人也非常注重这一点，在作对联时，要求上下联平仄两两相对。至于作格律诗，要求得就更加严格了，一首诗几十个字，什么位置该用平声字，什么位置该用仄声字，都有着相当的讲究。这种讲究成就了中国古诗的韵律美感，一字若不恰当，就会影响全诗的韵致。这也就是所谓的"诗律"了。

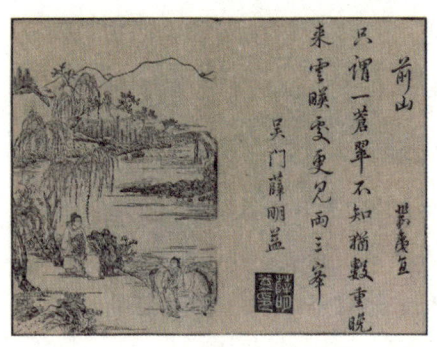

诗律初探

中国是个泱泱诗国,从古到今涌现出众多优秀的诗人,留下无数璀璨的诗篇,直到今天仍使后世的人们无限泽被于诗意之光中,无论男女老少,都能够在望见月亮时出口诵出"举头望明月,低头思故乡",都能在望见落花时瞬间想到"春眠不觉晓,处处闻啼鸟"。

诗歌精湛、优美,能于片语之间呈现极宏阔或极细微的景象,是高级的语言艺术。用不同语言写成的诗歌有着不同的特点,我们汉语诗歌也有着独特的声韵、格律、辞采,并因此成就了独特的美感,既朗朗上口,又包含着深刻的意蕴。

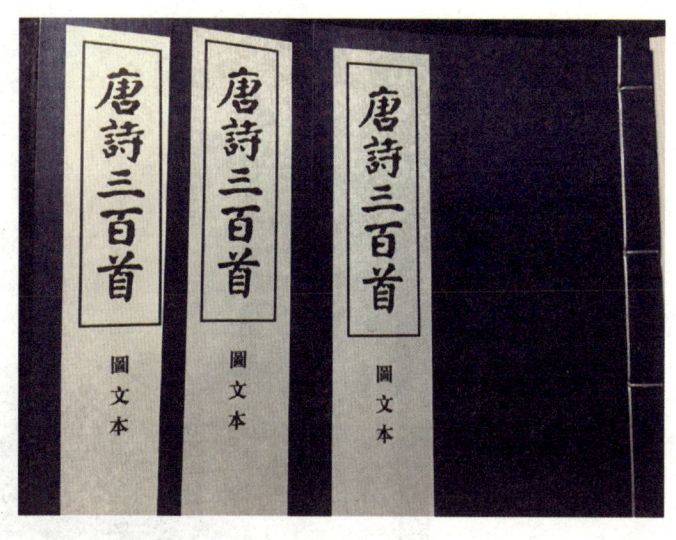

按照音律,古代的诗歌分为古体诗和近体诗,它们的发展也有一个过程。古体诗不讲究对仗,字数、押韵等都比较自由,我们熟悉的"百川东到海,何时复西归?少壮不努力,老大徒伤悲"(出自汉乐府《长歌行》)就属于古体诗。到了南朝时期,汉人大多偏居南方,喜爱并追求精致婉丽的艺术,在诗歌上也开始大为讲究声律、对仗等,成为一个重要的转折点。到了唐朝,诗歌沿着这条轨迹继续发展,格律越来越完善,形成了近体诗,或称"格律诗"。相比于古体诗,近体诗的要求就严格得多了,在字数、押韵、平仄等方面都要注意用心遵循,古代的诗人们也必须将这些要求规矩牢牢记住,否则就无法下笔。

近体诗总体上分为律诗和绝句两种,律诗有八句,绝句有四句。按照每句的字数不同,律诗又分为五言律诗和七言律诗(简称"五律"和"七律"),绝句也分为五言绝句和七言绝句(简称"五绝"和"七绝"),

这里的"言"就是"字"的意思。

我们熟悉的唐代诗人杜甫是写律诗的好手,他的诗被称为"诗史",深刻反映了他所观察到的现实生活,蕴含着沉郁顿挫、悲天悯人的情怀,也从形式上为律诗树立了典范,能做到"一篇之中,句句皆律,一句之中,字字皆律",这是很了不得的。他的五言律诗,如《春夜喜雨》:

好雨知时节,当春乃发生。(首联)
随风潜入夜,润物细无声。(颔联)
野径云俱黑,江船火独明。(颈联)
晓看红湿处,花重锦官城。(尾联)

他的七言律诗,如《闻官军收河南河北》,这首诗也被称作"老杜生平第一快诗":

剑外忽传收蓟北,初闻涕泪满衣裳。(首联)
却看妻子愁何在,漫卷诗书喜欲狂。(颔联)

白日放歌须纵酒，青春作伴好还乡。（颈联）
即从巴峡穿巫峡，便下襄阳向洛阳。（尾联）

我们看，律诗的每两句，就像是一副对联，模仿人体部位从上往下的顺序，它们分别被称作首联、颔联（颔就是下巴的意思）、颈联、尾联。其中，颔联和颈联要求最严格，两句的词语、词义、句式要对仗，平仄也要格外注意，平声字必须对应仄声字，第二、四、六、八句必须押韵，且必须以平声字结尾（若是某处平仄对应不能完全满足，则一定要在别处"救"回来，这是更加复杂的要求了）。这样一来，整首诗听起来才会更加整齐、和谐、动听，有音乐感。《春夜喜雨》中的名句"随风潜入夜，润物细无声"，现在常常用来比喻老师潜移默化的教育，它的上句平仄是"平平平仄仄"，下句是"仄仄仄平平"，十分工整地符合了诗律。

相比律诗，绝句就简单多了。绝句又称"截句""断句"，它只有短短四句，短小精悍，也更加活泼，能够把一个画面快速而生动地呈现出来。

另一位大诗人李白是绝句圣手，他匠心独运，信手拈来，七绝十分出色，如大家很熟悉的《早发白帝城》：

朝辞白帝彩云间，千里江陵一日还。
两岸猿声啼不住，轻舟已过万重山。

《早发白帝城》中，第一、二、四句末尾的间、还、山押韵，整首诗读起来轻松欢快，仿佛我们也能身临其境，遍看两岸青山，感受到作者的愉悦心情。所以说，我们汉语诗歌之美，不仅美在内在的意境中，也美在外在的形式与韵律上。

　　有人可能要问了，为什么古人写诗要有那么多规矩，不觉得麻烦吗？的确，从某种角度看，古诗严格要求格律，连每个字的声调都要追究，对于作诗是一种束缚。不过，也正因为如此，中国古诗才能奏出独特的韵律和美感，在方寸之间呈现出广大天地，往往一字传神，丰富了汉语的表达。而诗人们对一个恰当的字的寻找，体现出我们的传统文化对"美"的孜孜追求。对于那些优秀的大诗人来说，戴着镣铐也能跳出精妙绝伦的舞蹈，他们的语言艺术能够跳出狭小的格局，挥洒于无限，令人浑然忘形。如今，即便是不那么拘于"形"的现代诗，也能从古典的美意中汲取到很多资源呢。